セルフケア力を身につけ　こころの健康を育む
心理教育"サクセスフル・セルフ"の実践と展開

安藤美華代　著

推薦のことば

　大学で学ぶことの目的や目標は、学生諸君により諸種であると思います。しかしながら、深い専門的知識や高度な技術、そして幅広い教養の習得を大学教育の主要な目的とすることに異存のある人は、少ないと思います。この目的達成のため岡山大学は、高度な専門教育とともに、人間活動の基礎的な能力である「教養」の教育にも積極的に取り組んでいます。

　限られた教育資源を活用し大学教育の充実を図るには、効果的かつ能率的な教育実施が不可欠です。これを実現するための有望な方策の一つとして、個々の授業目的に即した適切な教科書を使用するという方法があります。しかしながら、日本の大学教育では伝統的に教科書を用いない授業が主流であり、岡山大学においても教科書の使用率はけっして高くはありません。このような教科書の使用状況は、それぞれの授業内容に適した教科書が少ないことが要因の一つであると考えられます。

　適切な教科書作成により、授業の受講者に対して、教授する教育内容と水準を明確に提示することが可能となります。そこで教育内容の一層の充実と勉学の効率化を図るため、岡山大学では平成２０年度より本学所属の教員による教科書出版を支援する事業を開始いたしました。

　岡山大学出版会編集委員会では、提案された教科書出版企画を厳正に審査し、また必要な場合には助言をし、教科書出版に取り組んでいます。

　今回、岡山大学オリジナルな教科書として、専門科目の一つである心の健康教育に関する理論と実践の教科書を出版することになりました。公認心理師・臨床心理士といった心理専門職をめざす大学院生や大学生のこころの成長・発達および資質・技能の維持向上に関連する諸課題について心理社会的観点から理解し、それらの課題に気づき対処する方法を実践的に学ぶことを目的としたワークブックです。

　本書が、公認心理師・臨床心理士養成関連授業において効果的に活用され、学生諸君の心理臨床能力の向上に大いに役立つことを期待しています。

　また、これを機に、今後とも、岡山大学オリジナルの優れた教科書が出版されていくことを期待しています。

令和２年１月
国立大学法人　岡山大学　学長　槇野　博史

目次

第1部
"サクセスフル・セルフ"（Successful Self）とは

第1章 "サクセスフル・セルフ" の基礎

第1節 対人援助に関わる人のこころの健康を保つ意義

第1項 対人援助に関わる人は、ストレスを抱えやすい

　心理職、医師や看護師等の医療従事者、教師等、対人援助に携わる専門職やその訓練生（以下、対人援助者）がこころの健康を保つことは、被援助者への援助のためにも、援助者自身の成長やその人がこれでいいと思えるような生活の質（QOL, Quality of Life）の保持・増進のためにも、極めて重要なことです。

　しかし、対人援助職のこころの健康に関する実態は、憂慮すべき状況にあります。
　例えば教育職員の精神疾患による病気休職は、2007年度以降5,000人前後で推移しており、平成29年度公立学校教職員の人事行政状況調査（文部科学省, 2018）によれば、5,077人（全教育職員数の0.55%）で、1年前の調査から186人増えています。精神疾患による休職は、どの年代でも起こり、精神疾患による休職の約半数が所属校で勤務をはじめてから2年以内に起こっています。また、精神疾患による休職のうち1年以内の再発者（再発率）は、531人（10.5%）で、そのうち半数が所属校で勤務をはじめてから2年以内に再発しています。
　医療従事者のこころの不調も、対応すべき喫緊の課題です。なかでも、1年目の研修医の約3割（井奈波・井上, 2009）、経験年数1年未満の看護師の約2割（井奈波・井上, 2011）が抑うつ状態にあることが報告されており、新人医療従事者のこころの健康問題は深刻です。

　日本では、1998年以降、自ら命を絶つ人が毎年3万人を超える状況が続いていたことを深刻に受けとめ、2006年に「自殺対策基本法」が制定され、2017年7月には「自殺総合対策大綱～誰も自殺に追い込まれることのない社会の実現を目指して～」が、閣議決定されました。この間、「こころの耳：働く人のメンタルヘルス・ポータルサイト」、「みんなのメンタルヘルス総合サイト：こころの健康や病気」、「支援やサービスに関するウェブサイト」、「こころもメンテしよう：若者を支えるメンタルヘルスサイト」、自殺総合対策推進センターの設置が行われ、国を挙げていのちを支える取り組みが行われています（厚生労働省　自殺対策サイト）。
　このような継続的な取り組みがなされているなか、自ら命を絶つ人は2010年以降減少を続け、2018年に自ら命を絶った人は20,840人となっています。しかし、いまだ毎年2万人を超える人が自ら命を絶っており、その割合は主要先進7カ国で最も高く、依然として憂慮すべき状態にあります。（厚生労働省社会・援護局総務課自殺対策推進室　警察庁生活安全局生活安全企画課, 2019年3月28日）。職業別の実態から対人援助職を見てみると、教員では95人、医療・保健従事者では360人を占め、5年前の調査と比べて医療・保健従事者は、増加しています。学生および生徒では、大学生336人、小・中・高校・大・専門学校生等の生徒を合わせると812人にのぼります。（厚生労働省社会・援護局総務課自殺対策推進室　警察庁生活安全局生活安全企画課, 2019年3月28日）。

　日本における心理職のこころの健康に関する実態は明らかにされていませんが、米国の調査では、米国の心理職のこころの健康は、深刻な状態にあることが報告されています（Bearse et al, 2013）。
　心理職のうつ状態は深刻で、476人の心理職の協力で行われた調査では、少なくても1回以上臨床的なうつ状態を経験した人が61%を占めていました（Pope & Tabachnick, 1994）。また、米国心理学会のカウンセリング心理学領域にメンバーとして登録している425人の協力で行われた調査でも、抑う

つ気分を経験したことがある人が 62% を占めていました（Gilroy, Carroll, & Murra, 2002）。

　この背景には、自分に合った援助者を見つけることの難しさ、援助を求める時間のなさ、心理援助を求めること自体が障壁となっている等が考えられています（Bearse et al, 2013）。

　心理職が自ら命を絶つ企てについても、非常に深刻な事態になっています。調査に協力した心理職の 29% が自ら命を絶つことを企てたことがあり、少なくとも 4% が試みたことがあったと報告されています（Pope & Tabachnick, 1994)。別の調査では、42%が自らの命を絶つことを考えたり企てたりしたことがあることが報告されています（Gilroy et al. , 2002）。さらに 230 以上の職業を対象に自ら命を絶つことに関する調査を行った米国国立労働安全衛生研究所（National Institute for Occupational Safety and Health）の報告では、高い割合を示した職業のなかに、心理職が含まれています (Ukens, 1995)。

　このような実態は、日本の心理職においても無関係とは考えにくいのではないでしょうか。

　非常に限られた実態に関するレビューではあるものの、対人援助職は、ストレスを抱えやすく、こころが不調になったり、精神疾患を抱えたり、自ら命を絶つことさえあることがわかりました。

　そこで安藤（2018）は、多職種の医療従事者の協力を得て、「医療従事者はどのような困難を抱え、どのように乗り越えるのか」をテーマにしたインタビュー調査を行い、分析焦点者を医療従事者とした質的分析を行いました。

　導き出されたストーリーラインでは、医療従事者は、日頃から、病をもつ人へ継続した情緒面も考慮した支援をしたり、病をもつ人が療養行動に意欲がもてるような関わりを心がけたり、医療従事者自身の専門性の質が向上するようにたゆまぬ努力をしていることがわかりました。とはいえ、このような熱心な取り組みにもかかわらず、病をもつ人の病気の進行、療養行動への受け身的態度、説明や助言への抵抗、健康行動への低い意欲、難しい要求、否定的な感情や態度に直面したりすることがあります。それにより、医療従事者は、信頼関係の不足やコミュニケーションの不十分にやりきれなさを感じたり、スキルや時間不足等自身の医療のあり方について苦悩したり、徒労感や傷つき等自身のなかに沸き起こるつらい気もちに苦悩したり、心理社会的消耗感や行き詰まり感・苦悩を抱えるようになっていました。このようなストレス状況に対して、つらい気もちの共有等についてカンファレンスを活用して行うことで、医療従事者自身の医療のあり方を省察し、病をもつ人自身の療養行動への態度や障壁を理解し受け容れるようになり、病をもつ人に寄り添った医療をしていくことを意識するようになっていました。医療従事者は、このように医療従事者自身の医療のあり方について省察し、病をもつ人自身の療養行動への態度や障壁を理解し受け容れるとき、医療で抱えた心理社会的困難体験を乗り越えたと感じていました。

　このような語りから示唆されるように、対人援助者は、自身の専門性を活用し、限られた時間と資源の中で、治療目標を達成するために奮闘していました。しかしながら、見込んだ結果とはいかず、どうあがいても妥協せざるおえない結果に直面することもありました。そのような状況に対して、頑張って病いをもつ人のためにしている努力や医療従事者としての有能な自己イメージが、脅かされたと捉えると、バーンアウトに陥る可能性を孕んでいることが考えられました。一方、医療従事者が、自らの医療のあり方を省察していくことは、その人自身にとってもチームにとっても、医療の質の保持・向上につながることもわかりました (Cannarella Lorenzetti et al., 2013; Knapp, Gottlieb, & Handelsman, 2017)。

　心理臨床に携わる人も、様々な心理的負担感、行動上の問題、関係性の問題をもつクライエントに対して、質の高いサービスを提供しようと、日々努力しています。これは同時に、心理臨床に携わる人自身がある程度リスクに晒されていることにもなります。このことに気づかずに心理臨床を進める

ことは、心理臨床がうまくいかないことを助長したり、さらにリスクを助長したりすることがあります（Smith & Moss, 2009）。

　その背景として、以下のことが考えられています。

　心理臨床に携わる人は、様々な教育や訓練を受けることでメンタルヘルスの問題に対して「不死身」「傷つかない」と感じているかもしれません。このような思いが、心理臨床に携わる人自身が、心理的負担感を抱えたり、機能低下（不全）に陥ったりする可能性があるという、リスクの盲点を冗長しています(Barnett, 2008)。

　心理臨床に携わることを目指す人は、家族関係、個人史、心理臨床に携わる動機等において、傷つき体験を抱えている場合があります（O'Connor, 2001）。

　心理臨床に携わる人の仕事は、守秘義務等があり、孤独で、仲間との共有が制限されています。それゆえ、日常のストレスを共有することができにくいのです。また、心理面接は、クライエントの抱えている問題を扱うので、そもそも心理臨床に携わる人自身の心理的負担感等に注意を向けにくい構造です（Barnett, Johnston, & Hillard., 2006）。

　また心理臨床に携わる人の仕事は、ストレスフルで、潜在的に心理的負担感を抱えるものです。クライエントは、しばしば再発したり、よくならなかったりします。多くのクライエントは、慢性的に弱った状態に晒され続けています。しかも、クライエントは、ときに自ら命を絶とうとしたり、暴力や犯罪につながるようなことをしたりします。心理臨床に携わる人は、倫理的な問題に対しても、いつも配慮しておく必要があります。このように心理臨床に携わる人の仕事を考えていくと、とてもストレスフルな仕事です（Laliotis & Grayson, 1985; Pope, Sonne, & Greene, 2006）。

　心理的負担感や機能低下（不全）を経験したことがある多くの心理臨床に携わる人は、それらのサインを無視してひたすら仕事を続けています（Sherman, 1996）。必要な支援を求めない理由として、専門家としての恥、弱いところを見せてはダメでもっと強くなければならないと感じたり、今のステイタスを失うことを恐れたりするといったことが報告されています（Barnett & Hillard, 2001）。

第2項　ふだんから自分のこころの健康を自分で大事にするセルフケアのすすめ

　これまでみてきたように、対人援助職は、ストレスを抱えやすい職務にもかかわらず、被援助者への援助に懸命になるあまり、自分自身の抱えるストレスに気づかないまま、対人援助を進めている場合があります。それでも、必要な支援を求めることに躊躇してしまいがちです（Barnett & Hillard, 2001）。

　そこで、ふだんから自分のこころの健康を自分で大事にするセルフケアがひとつの手だてとなります。セルフケアを円滑に行うためには、ストレスに気づくことができるかどうかが要となります。

　心理臨床に携わる人は、心理臨床に関わるキャリア形成のあらゆる段階において、心理的な"健康"（psychological wellness）を維持するために、心理臨床に携わる人自身が、心理的負担感、バーンアウト、心理臨床に携わる人としての機能低下（不全）に気づき、予防していくセルフケアが重要です（Barnett & Cooper, 2009）。

　"セルフケア"には、いろいろな手だてがあります。

　先の質的研究（安藤, 2018）では、次の三つの点が強調されています。一つ目に、対人援助者自身が、自身のストレス状況や苦悩について探索したり，自身のつらい気もちを受け容れたり、自身のあり方について省察する重要性があげられています。一般に、自己省察（self-reflection）は、思考、感情、行動の自己観察をとおして、可能な限り自分を客観視していく意図的メタ認知過程と考えられています。それゆえ、自己省察は、自分の能力を過大評価したり、歪曲したり、有効性を損なうような

行動や態度を過剰に見積もるのを減らすことができると言われています（Knapp et al., 2017）。 二つ目として、コンサルテーションの活用，カンファレンスへの参加，信頼できる対人援助チームでの気もちの共有といった被援助行動を行うことの大切さがあげられています。三つ目に、対人援助者自身が、対人援助に関わる状況についての見方やとらえ方を広げ、自身の信念にとらわれ過ぎないことの重要性があげられています。

　昨今、このような、自身の気もち（感情）、ものの見方や考え方（認知）、からだの感覚（身体）、他者との関係性、大切にしていること（価値）、信念、自身の態度や行動に、気づく能力を育んだり、苦痛、燃え尽き、気分の乱れを緩和し、共感能力をもたらすとして、マインドフルネスを取り入れた教育プログラムの有効性が報告されています　（Epstein,1999; Krasner et al., 2009）。

第2節　“サクセスフル・セルフ”とは

第1項　“サクセスフル・セルフ”の目的と理論的背景

　“サクセスフル・セルフ”（Successful Self）とは、「社会の中で自分らしく生きる」ことです。

　私たちが、**どんな人になるか、どんなふうに生きていくか、どんな人間関係を築くか**は、自分自身がどのような**気もち**をもち、どのような**ものの見方・考え方**をして、どのように**行動**するかによって決まります。
　感情・認知・行動（“こころ”のありよう）は、自分で気づき必要に応じて対処できます。
この**自分の“こころ”のありように気づき対処する力**をつけていくことが、“サクセスフル・セルフ”（社会の中で自分らしく生きる）につながっていきます。
　“サクセスフル・セルフ”は、全ての人にとって大切ですが、その生き方は、一人ひとり違います。

　心理教育“サクセスフル・セルフ”は、自己理解および他者理解を深め、自己コントロール、社会的適応力、ほどよい人間関係、自己効力感が向上し、うつ等の心理的問題やいじめやハラスメント等の行動上の問題を予防する力を保持増進し、こころの問題を予防したりこころの問題に対処したりする力を高めたり、こころの健康や社会へなじむ、**社会の中で自分らしく生きる基礎力を身につけるための**こころのトレーニングです。

　従って、これらの力を身につけることが、“サクセスフル・セルフ”のねらいです。
　具体的には、<u>自己理解</u>、<u>他者理解</u>、<u>自己コントロール</u>、<u>社会適応</u>、ほどよい<u>人間関係構築・継続</u>、<u>自己効力感</u>の肯定的変容をねらいとしています。この肯定的変容をもたらすために、以下の3つのねらいを含めたセッションを行います。
　　①自己理解力の向上をねらいとして、自己洞察法によって、自己理解、自己コントロール、ストレス対処等をテーマにしたセッションを行います。
　　②人間関係力の向上をねらいとして、ソーシャルスキル法によって、他者理解、対話、適切な自己主張等をテーマにしたセッションを行います。
　　③対処と解決力の向上をねらいとして、問題解決法によって、他者に対する適切な自己主張・共感・ゆずりあい、困難な状況への対処と解決等をテーマにしたセッションを行います。

　各セッションにおいては，個別にじっくり考える時間を設けるとともに，小グループでの話し合いや必要に応じてロールプレイの時間を設けることを大切にしています。
　“サクセスフル・セルフ”の理論を図1に示します。

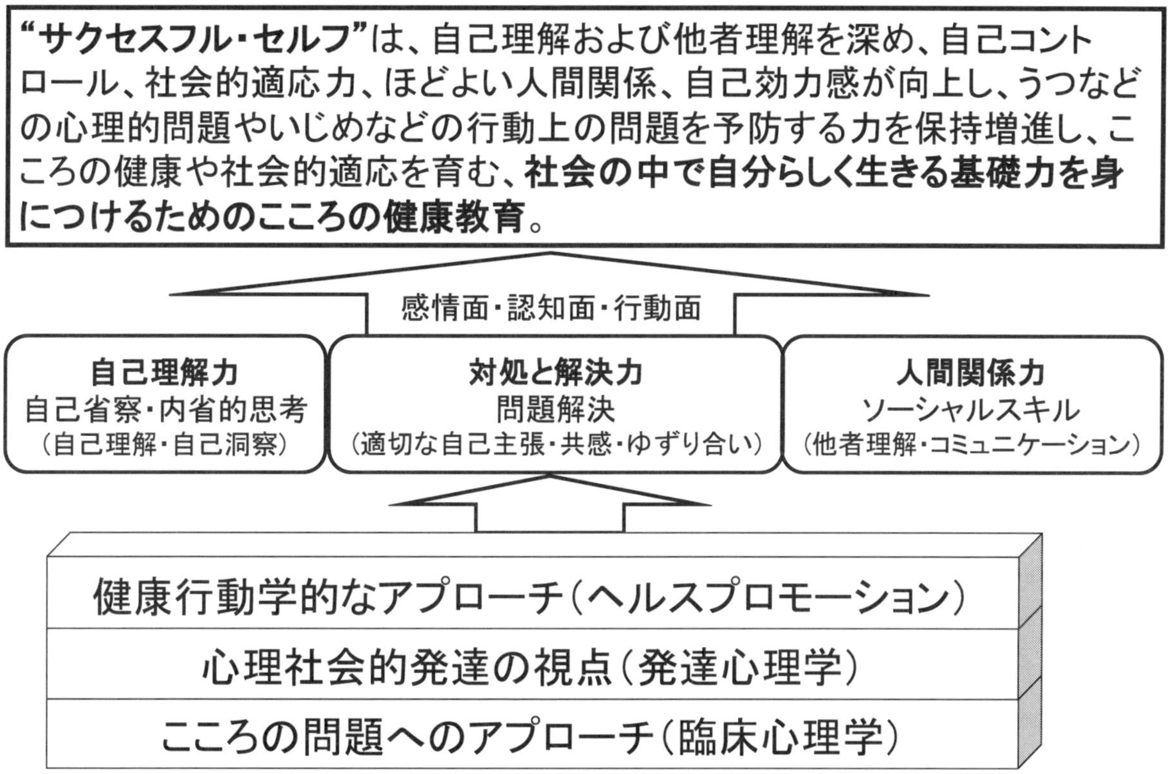

"サクセスフル・セルフ"は、自己理解および他者理解を深め、自己コント
ロール、社会的適応力、ほどよい人間関係、自己効力感が向上し、うつなど
の心理的問題やいじめなどの行動上の問題を予防する力を保持増進し、こ
ころの健康や社会的適応を育む、**社会の中で自分らしく生きる基礎力を身
につけるためのこころの健康教育**。

感情面・認知面・行動面

自己理解力
自己省察・内省的思考
（自己理解・自己洞察）

対処と解決力
問題解決
（適切な自己主張・共感・ゆずり合い）

人間関係力
ソーシャルスキル
（他者理解・コミュニケーション）

健康行動学的なアプローチ（ヘルスプロモーション）

心理社会的発達の視点（発達心理学）

こころの問題へのアプローチ（臨床心理学）

図1　サクセスフル・セルフの理論

第2章　"サクセスフル・セルフ"の展開

第1節　セルフケアとしてのマインドフルネス

第1項　マインドフルネスを育む

　"サクセスフル・セルフ"の力（図 1）をつけるために、セルフケアの一方法としても有用性が示唆されているマインドフルネスを育むトレーニングを取り入れます。

　こころは、気もち、ものの見方やとらえ方等、さまざまな要素の集まりと捉えることができます。それぞれの要素は、「情報」を受け取り、受け取った「情報」を処理し、また別の要素へ送るといったはたらきをしています。このようなこころの要素の相互作用は、こころの内外の変化に添って、繰り返し継続的に行われていますが、大きく 2 つの様式のいずれかで行われています。

　ひとつは、ある要素から受け取る「情報」について、**駆り立てられるままに**受け取り、自動的または習慣的に処理を行い、別の要素へ送る様式で、**自動的な様式**とされています。もうひとつは、ある要素からの「情報」に対して、まず特定の注意を向け、それから受け取り、処理するかどうか意識的に選択して、別の要素へ送る様式で、**意図的な様式**とされています。この 2 つのこころの様式は、同時に作動せず、いずれか一方のこころの様式が選択され、行われます（Segal, Williams, & Teasdale, 2002/ 越川, 2007）。

　この代表的な 2 つのこころの様式のうち前者は "doing mode"（「すること」モード）と呼ばれています。"doing mode" は、自分がもっている目標を達成できないと感じたり思ったり、現状が自分にとって望まないと感じたり思ったりしたときに作動します。そして、なぜ目標達成から遠ざかっているのか等、望まないと感じたり思ったりしている現状について過去や将来に思いをはせその意味を明らかにし、自分にとって望まない方向を避け、目標に近づく自分の望む状態に向かう対処が見出され、修正が適切になされる場合には、役に立ちます。特に、こころの外側における目標の達成には、役に立ちます（Segal, Williams, & Teasdale, 2014/ 小山・前田, 2018）。

　とはいえ、目標を達成できないと感じたり思ったり、望まないと感じたり思ったりした状況は、**どのような対処をしたらよいのかはっきりしなかったり**、**修正が思うように進まないこともあります。**このような状況におかれた場合、"doing mode" でありつづけることは、すぐには方向性が見出しにくい状況の意味や対処について延々と着目し続けることになります。方向性が見出しづらい状況への不毛な着目は、しだいに、過去のうまくいかなかった体験や将来についてあれこれ考え込むようになり、憂うつな気分や不快な気分を強めたり長引かせたりすることにつながります。

　つまり、"doing mode" を作動してみたものの、自分の望むようなはっきりとした方向性が見出せないと感じたり思ったりしててこずるような "doing mode" が適さない場合に、"doing mode" を作動し続けることは、それでも方向性を見いだすために考え続けなければならないとあれやこれやと考え、こころの苦痛をとどまらせる過度な心配や没頭、自分自身に注意を向ける方向で反応し過ぎる反すう、抑圧、回避、闘争等に巻き込まれたりして、自分自身をさらに苦しみへと追い込むことになり、憂うつな気分や不快な気分といった否定的な感情やつらい気もちを強め長引かせることになります（Segal, Williams, & Teasdale, 2002, 2018/ 越川, 2007; 小山・前田, 2018）。

　それに対して、すすめたいのが、**"being mode"**（「あること」モード）と呼ばれている意図的なこころの様式です。"being mode" では、望ましくないと感じたり思ったりした状況について、なんとか変えようと常に焦点をあててどうしてなのか多面的に分析したり、どう対処したらよいか懸命に考えたりする "doing mode" でするようなことを行う必要がありません。"being mode" では、あるがま

まを受け容れ、そのままにしておきます。それによって、今、この瞬間瞬間の体験を様々に感じ、自由や新鮮さ、驚き等体験の新たな広がりを感じることができます。考え過ぎて消耗してしまうのではなく、あるがままに体験していることを愛しみ許容することができます(Segal, Williams, & Teasdale, 2002/ 越川, 2007)。

"doing mode"が適さない場合に「真実」のように感じがちな思考、感情、身体感覚は、"being mode"を作動することで、単に、「そのときのこころの状態」と気づき、「真実」でも「私自身」でもないと、心的距離を取り(脱中心化)、受けとめ、手放すあるいは必要に応じて調整することができるようになります。そして"doing mode"によって生じるこころの苦痛に反応し過ぎたり巻き込まれたりすることなく、その縁に立って、やさしく観察することができようになります。

マインドフルネス(Mindfulness)とは、私たちが、意図的に、現在の瞬間にあって、非判断的に、ありのままの姿のものごとに、注意を払うときに出現する気づきのことです。

日本マインドフルネス学会では、「マインドフルネスとは、"今、この瞬間の体験に意図的に意識を向け、評価をせずに、とらわれのない状態で、ただ観ること。" なお、"観る"は、見る、聞く、嗅ぐ、味わう、触れる、さらにそれらによって生じる心の働きをも観る、という意味である。」と定義しています。つまり、こころやからだを"観る"(ながめつづける)体験をし、気づき、感じ、受け容れ、整えることです。これは、"being mode"の感覚をもつことにつながります。

マインドフルネスを身につけることは、"being mode"を育むことです。そして、"doing mode"が適さない場合に、こころが"doing mode"になっているのを認識できるようになり、"doing mode"から"being mode"へすみやかに変更し、"being mode"を作動することができるようになります。

マインドフルネスを身につけると、つぎのような力が身につきます。

- 日常の生活の助けになります。
- 今この瞬間瞬間のこころの様式を知る方法や"doing mode"から"being mode"へ変更する方法を身につけ、"doing mode"を過度に選択している日々を"being mode"にする助けになります。
- 注意の集中、注意の安定性を高めます。
- こころに入り込んでくるとらわれを手放す、あるがままものごとを受けとめる柔軟性を高めます。
- 寛容性・忍耐性を高め、平静なこころ・穏やかな気もちをもたらします。
- ストレスを低減します。
- 過度な憂うつな気分や不快な気分の予防になります。

マインドフルネスを身につけることで、こころの健康教育"サクセスフル・セルフ"で培おうとしている社会の中で自分らしく生きる基礎力(自己理解力、人間関係力、対処と解決力)を身につけやすくなります。

第2項 マインドフルネスを身につけるためのトレーニング

マインドフルネス・トレーニングは、今、この瞬間における、また、ある状況における、自分のこころの様式に気づき、自分にあったこころの様式を選択し活用する力をつけることです。この**自分にあったこころの様式をしなやかに適切に選択し活用する力をつけることです。つまり、"being mode"を育む**ことです。そして、**"doing mode"が適さない場合に、こころが"doing mode"になっているのを認識し、"doing mode"から"being mode"へすみやかに変更し、"being mode"を作動するこ**

とができるようになることです。

　具体的には、マインドフルネスを身につけるために、注意を向けて、興味や思いやりのある観察をして、次のようなトレーニングをしていきます。

・注意を向けて、興味や思いやりのある観察をして、脱中心化を繰り返し練習します。
・身体感覚に注意を向けることを手がかりに、見る、聞く、嗅ぐ、味わう、触れる、さらにそれらによって生じる心の働きを観る・ながめ続ける体験を繰り返し、**こころの状態をはっきりみつめる練習**をします。
・否定的な思考の内容を変更しようとはしません。
・思考、感情、身体感覚とのかかわり方を変えられるようになります。
・これらに向き合うかどうか選択します。

　留意点として、マインドフルネス・トレーニングにあっても、多忙でストレスが多い日常、気分が低下しているとき、"こころ"は、繊細、敏感なので、自動的に、無意識的に、否定的なこころの状態になる場合があります。つまり、マインドフルネスのトレーニングをしていると、先々のことや別のことを考えたりして、心がさまよう、マインドワンダリングな状態になることがあります。これは、トレーニングで起こる自然なことです。

　このような場合には、こころのさまよいを止めるのではなく、こころがさまよっていることに気づくことが大切です。気づいたら、また意図していた対象へ、注意を向けなおしてください。時に、思いやり・やさしさをもって、あるいは毅然とした態度で対処してみてください。マインドワンダリングに気づいたときには、無理せず、自分を責めず、何度でも繰り返し、対応してみてください。

マインドフルネス・トレーニングのエッセンス
〜自分をコントロールできる実感を掴んでみましょう〜

❖　今ここでの、自分のからだやこころに意識を向けてみます。
❖　呼吸に注意を向けてみます。息を吸ったり吐いたりして、瞬間瞬間の呼吸の感覚をそっと感じてみます。
❖　自分のからだやこころ全体へ注意を広げてみます。自分が気づいた、からだの感覚、気もちのありよう、思いについて、そっとそのまま感じてみます。
❖　不快な感じがしたら、やさしく、思いやりの気もちを向けて、自分をいたわってみましょう。

第2節　"サクセスフル・セルフ"ぷらす　セルフケアとは

第1項　"サクセスフル・セルフ"ぷらす　セルフケアの概要

　本書では、"サクセスフル・セルフ"（社会の中で自分らしく生きる）基礎力を育むことをねらいとして、自己理解力、人間関係力、対処と解決力の向上をめざした取り組みをしていきます。この力を身につけやすくするため、セルフケアの手立てとして、マインドフルネスを取り入れます。

　マインドフルネスを育むために、自分のこころやからだに関心を向け、今このときにある体験に気づき、感じて、受けいれ、必要に応じて調整し整え、やさしく平静なこころで気もちをむけていくトレーニングも行います。セルフケアが自然にある程度継続してできるように、ホームワーク「気づいて、感じて、受け容れて、整えましょう！」を実施します。

　各セッションにおいては、個別にじっくり考える時間を設けるとともに、小グループでの話し合いや必要に応じてロールプレイの時間を設けることを大切にしています。

　心理教育"サクセスフル・セルフ"ぷらす　セルフケアのモデル図を図２に示しました。

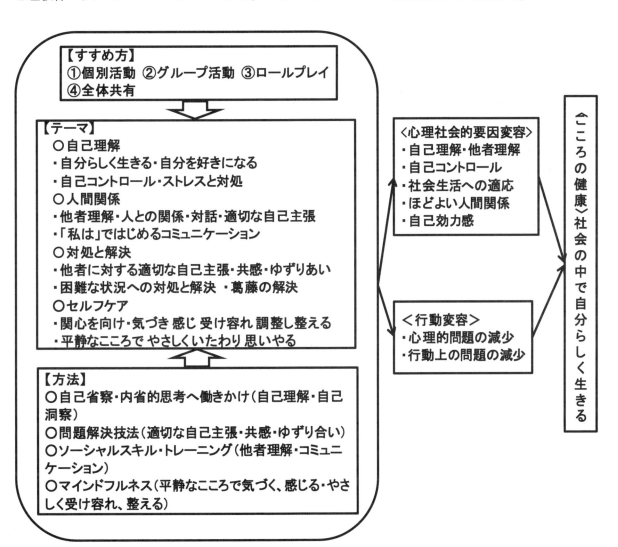

図２　心理教育"サクセスフル・セルフ"ぷらす　セルフケアのモデル図

第2項 セッションの概要

1．各セッションのテーマ、目的、内容

各セッションのテーマ、サブテーマ、目的、内容を、表1に示しました。

2．用意するもの

毎回、本書と筆記用具を持参してください。

3．振り返り

各セッションの終わりに、セッションで感じたこと、考えたこと、気づいたことをまとめるために、振り返りの時間を設けます。

- 各セッションで学んだことを、生活の中で活用してみてください。
- 活用してみた体験を振り返ってみてください。
- 手ごたえを感じたことは、続けてみてください。
- いまひとつだった場合には、どのような点からそのように感じたのか、考えてみてください。別の対処法を考えて、実践してみてください。
- ホームワーク「気づいて、感じて、受け容れて、整えましょう！」を週1回以上、取り組んでみてください。

4．セッション中の基本的な取り組み方

- **自分の“こころ”や“からだ”に関心を向けてみましょう。**
- **いま、このときの体験**をとおして、（自分の）**からだの感覚（身体）、気もち（感情）、ものの見方や考え方（認知）、他者との関係性、大切にしていること（価値）、態度や行動に、気づいて・感じてみましょう。**
- そして、それをそっとやさしく、**受け容れ**ましょう。
- 必要と感じたら、調整してみましょう。
  - ➤ たとえば、不快な感じがしたら、やさしく、思いやりの気もちを向けて、自分をいたわってみましょう。
- 課題に対して、まず個人でじっくり考えてみてください。少なくても、5分くらいは考えてみてください。
- グループディスカッションでは、様々な意見が出されます。**“こころ”をひらいてみましょう。** 他者の意見や考えを理解したり共有したりすることによって、新しい発見や学びにつなげていくことができます。
- そのために、メンバー同士で**お互いの考えを否定したり批判したりし合わないで、傾聴**するように心がけながら、話し合いをすすめてください。
- 以下の点を心がけたカウンセリング的心構えで、**傾聴**してみてください。
  - ➤ “こころ”を大切にする関係を心がけてください。
  - ➤ 相手の気もちや思いを理解したいという純粋な気もちで、共感的にその人の語りに聞き入ってください。
  - ➤ 相手の語りの流れに寄り添いながら、わからないところや不思議に思うところを尋ねてみてください。
  - ➤ 自分と相手の気もち・思い・考えが違っても、その人なりの“意味がある”こととして大事にしてください。
  - ➤ そして、その人の問題解決力について理解を深めてください。

➢ その人の気もち・思い・考えを理解した上で、場合によっては、その人の語りを要約して伝えてください。
➢ 必要に応じて、自分の気もち・思い・考えを伝えてください。

表1 "サクセスフル・セルフ" ぷらす セルフケアの概要

セッション	セルフケア：マインドフルネス	"サクセスフル・セルフ"			
		テーマ	サブテーマ	目的	内容
0		はじめに		・"サクセスフル・セルフ"ぷらす セルフケアの概要を理解する。	・"サクセスフル・セルフ"ぷらすセルフケアの概要の説明を受ける。
		自己理解	心理臨床活動のふり返り	この1年間の心理臨床を振り返り、強みと課題に向き合う。	質問紙によって、「心理臨床活動と心の健康」に関して振り返る。
1	呼吸とともに	人間関係	人間関係構築1：仲間と共に考える	・心理臨床に携わる人になるための大切な基礎について、仲間と一緒に考える。 ・仲間との関係を築くために、適度に自己開示したり、相手を理解することが大切であることを学ぶ。 ・自己と他者の生き方には、類似点と相違点が存在することを理解する。	・心理臨床に携わる人になる基礎作りとして必要な点について、自己開示と他者理解を行いながら、仲間と語り合う。
2	マインドフルに食す	自己理解	自分らしく生きる"サクセスフル・セルフ"への道	・"サクセスフル・セルフ"（社会の中で自分らしく生きる）を踏まえた心理臨床に携わる人のイメージをつくる。 ・それを達成するための目標を立てる。 ・目標の達成を目指して自己を見つめ、自分の強みと修正したほうが望ましい面を考えることが重要であるという認識を高める。	・自分の行動について振り返り、自分がなりたい心理臨床に携わる人のイメージをつくる。 ・"サクセスフル・セルフ"セルフチェックシートを使って、自分がなりたい心理臨床に携わる人に近づくので続けたい行動となりたい心理臨床家から遠ざかるのでやめたい行動を明確にし、シートを完成する。
3	自分をいたわる表現	自己理解	自分を好きになろう	・適切な自己理解や自己受容を向上させ，自分を大切にし，過剰な劣等感を予防する。 ・社会の中で自分らしく生きていくために、「自分」を見つめる。 ・自分の感情，考え方，行動の特徴(クセ)を理解する。 ・自己理解のために，自分らしいところを考え表現する。	・これまでの人生における嬉しかったこと，悲しかったこと・苦しかったこと乗り越え方について，自己を見つめる。 ・この1年の心理臨床の悩みと対処について，自己を見つめる。 ・自分らしい感情・認知・行動の特徴について考える。 ・様々な形で、「自分」を表現する。
4	マインドフルに身体を観る	人間関係	人間関係構築2：養育者との関係について考える	・養育者との関係を見つめる。 ・それらに基づく，自己受容。 ・人との関わりの大切さを認識する。 ・今後の人間関係のあり方を考える。	・養育者との関係における自分のあり方について，見つめる。 ・それらを踏まえて，人間関係について考える。 ・今後の自分自身の人間関係で心がけてみたいことや取り組んでみたいことについて考える。

14

5	マインドフルに動く	人間関係	人間関係構築3‥友人との関係について考える	・友人との関係を見つめる。 ・それらに基づく，自己受容。 ・人との関わりの大切さを認識する。 ・今後の人間関係のあり方を考える。	・友人との関係における自分のあり方について，見つめる。 ・それらを踏まえて，人間関係について考える。 ・今後の自分自身の人間関係で心がけてみたいことや取り組んでみたいことについて考える。
6	こころから必要としている大切なことの探索	対処と解決	困難な状況への対処と解決‥セルフチェック	・適切なコミュニケーションスキル（適切な自己主張・共感・ゆずりあい）について学ぶ。 ・人間関係にまつわる困難な状況における、自分自身の対処の在り方を理解する。	・困難への対処と解決スキルセルフチェックシートを行い、適切な自己主張・共感・ゆずりあいの程度を自己評価する。
7	マインドフルに散歩する	対処と解決	困難な状況への対処と解決‥日常編	・ほどよい対人関係を築くには、自分・周囲の人の気もちを考え、大切にすることが重要であることを理解する。	・もめごとや困難な状況における、相手の気もち、周囲の人の気もち、自分の気もちを考える。
8	自分を大切にするための自分へのことばかけ	人間関係	人間関係を磨く‥「私は」ではじめるコミュニケーション	人間関係の負担感を緩和するために，「私は」ではじめる表現で，自分の気もちを他者に伝えることの大切さを理解する。	「私は」ではじめる表現で，相手に不快な気もちを与えず，自分の気もちも抑え過ぎずに，自分の気もちを相手に伝えられるようになる。
9	マインドフルに自分のあり方を工夫する	対処と解決	困難な状況への対処と解決‥心理臨床編1	・初心の心理臨床に携わる人が体験しやすいクライエント―セラピスト関係に対処する力を身に付ける。 （セラピストの質問に答えてくれず、セラピストはクライエントのことが頭から離れない）	・初心の心理臨床に携わる人が体験しやすい困難なクライエント―セラピスト関係について、事例を通して、自分自身や周囲の人の気もちを考えたり、問題解決法を活用したりして、対処していく方法を学ぶ。
10	寛容に聴く	対処と解決	困難な状況への対処と解決‥心理臨床編2	・初心の心理臨床に携わる人が体験しやすいクライエント―セラピスト関係に対処する力を身に付ける。 （クライエントの話についていくのが精一杯で、どんなタイミングで何をきいてよいかわからず戸惑い、セラピストは面接の行き詰まりを感じている）	・初心の心理臨床に携わる人が体験しやすい困難なクライエント―セラピスト関係について、事例を通して、自分自身や周囲の人の気もちを考えたり、問題解決法を活用したりして、対処していく方法を学ぶ。

11	自分のつらい気もちを観る・寄り添う	対処と解決	困難な状況への対処と解決：心理臨床編3	・初心の心理臨床に携わる人が体験しやすいクライエント―セラピスト関係に対処する力を身に付ける。（心理臨床における自身の悩み）	・初心の心理臨床に携わる人が体験しやすい困難なクライエント―セラピスト関係について、事例を通して、自分自身や周囲の人の気もちを考えたり、問題解決法を活用したりして、対処していく方法を学ぶ。
12	難しい対人関係で平静を保つ	自己理解	ストレスと自己コントロール	・ストレスのメカニズムを理解し、ストレスに対処することの大切さを学ぶ。 ・ストレスの原因に気付き、自己コントロールする力を高める。	・自分自身のストレスの原因や心や体の反応について振り返る。 ・ストレスマネジメントについて考える。
13	自分を大切にすることを自分と約束する	対処と解決	意思決定：何が起こるか考えてから行動する	葛藤状況において適切な行動がとれるために、バランスシートを用いた意思決定方法を理解する。	自分に起こっている葛藤状況に対して行動を起こすために、バランスシートを用いた意思決定を行う。
14	マインドフルに生きる	自己理解＋対処と解決	自己対処力と今後の展望	・心理臨床トレーニングでの自分を振り返る。 ・つらかったことをどのように乗り越えたかを通して、これから心理臨床に携わる人として自分らしく生きていくために、どのように実践へつなげるかを考える。	・大学院における心理臨床訓練での自分を振り返る。 ・頑張ったこと・つらかったことを振り返り、それらをどのように乗り越えたのかを見出す。 ・乗り越えた体験を、これから心理臨床家としてどのように生かすかを考える。

はじめましょう！

【引用・参考文献】

Barnett, J. E., & Cooper, N. (2009). Creating a culture of self-care. Clinical Psychology: Science and Practive, 16, 16-20.

Bearse, J. L., McMinn, M. R., Seegobin, W., & Free, K. (2013). Barriers to psychologists seeking mental health care. Professional Psychology: Research and Practice, 44(3), 150-157. http://dx.doi.org/10.1037/a0031182

Center for Mindfulness in Medicine, Health Care, and Society, UMass Medical School. Summer 2017 ONLINE Live Mindfulness-Based Stress (MBSR) program.

Center for Mindful Self-Compassion (http://centerformsc.org/)〈Neff, K., & Germer, C. (December, 2016). Mindful Self-Compassion. Center for Mindful Self-Compassion. (March 12-17, 2017. Sedona Mago Retreat, Sedona, Arizona, USA). 〉

Gilroy, P. J., Carroll, L., & Murra, J. (2002). A preliminary survey of counseling psychologists' personal experiences with depression and treatment. Professional Psychology: Research and Practice, 33, 402-407. http://dx.doi.org/10.1037/0735-7028.33.4.402

厚生労働省　自殺対策サイト
　(https://www.mhlw.go.jp/stf/seisakunitsuite/bunya/hukushi_kaigo/seikatsuhogo/jisatsu/index.html

厚生労働省社会・援護局総務課自殺対策推進室　警察庁生活安全局生活安全企画課，2019 年 3 月 28 日　https://www.mhlw.go.jp/content/H30kakutei-01.pdf)

厚生労働省社会・援護局総務課自殺対策推進室　警察庁生活安全局生活安全企画課，2019 年 3 月 28 日　https://www.mhlw.go.jp/content/H30kakutei-03.pdf)

文部科学省，2018　平成 29 年度公立学校教職員の人事行政状況調査
　http://www.mext.go.jp/a_menu/shotou/jinji/1411820.htm

文部科学省，2018　平成 29 年度公立学校教職員の人事行政状況調査
　http://www.mext.go.jp/component/a_menu/education/detail/__icsFiles/afieldfile/2018/12/25/1411823_09.pdf

Oxford Mindfulness Centre. (2026/8/22-26) Oxford Mindfulness Summer School 2016.

Oxford Mindfulness Centre. Foundational training on teaching mindfulness-based cognitive therapy. Module 1: An experimental introduction. (2018 モジュール 1 受講者用教材)

Pope, K. S., & Tabachnick, B. G. (1994). Therapists as patients: A national survey of psychologists' experiences, problems, and beliefs. Professional Psychology: Research and Practice, 25, 247-258. http://dx.doi.org/10.1037/0735-7028.25.3.247

Segal、 Williams、 & Teasdale. (2002). Mindfulness-based cognitive therapy for depression: A new approach to preventing relapse. Guilford Press. 越川房子（監訳）(2007/2012). マインドフルネス認知療法：うつを予防する新しいアプローチ. 北大路書房.

Williams, Mark. (2016/7/16-17) マーク・ウィリアムズ博士からマインドフルネス認知療法を学ぶ －マインドフルネスフォーラム 2016―. 日本マインドフルネス学会主催. 配布資料

第2部

"サクセスフル・セルフ" ぷらすセルフケアの実践

第3章　はじめに

セッションをはじめるにあたって

　"サクセスフル・セルフ"ぷらすセルフケアでは、ふだんから自分のこころの健康を自分で大事にする力をつけることをめざしています。そのために、自分のこころの状態を平静に観て、あるがまま気づき・感じ、やさしく受け容れ、必要に応じて整えるマインドフルネスの力を養い、それを礎にしながら、"サクセスフル・セルフ"（社会の中で自分らしく生きる基礎力（自己理解力、人間関係力、対処と解決力））の保持・向上をめざしたセッションを行っていきます。

　この取り組みは、自分について考える機会になり、自己省察を実感する体験、自分をいたわり思いやるセルフケアの大切さや自分を知る大切さに気づく機会になります(安藤、 2019)。

　自分と向き合う時間を仲間と共に過ごしましょう。

"サクセスフル・セルフ（Successful Self）"ぷらすセルフケア
"サクセスフル・セルフ"とは、社会の中で自分らしく生きること。

☺ 私たちがどんな人になるか、どんなふうに生きていくか、どんな人間関係を築くかは、私たちがどのような気もちをもち、どのような見方・とらえ方をして、どのように行動するかによって決まります。

☺ 感情・認知・行動は、自分自身でコントロールすることができます。

☺ 自分をコントロールする力を高めることが、サクセスフル・セルフにつながっていきます。

☺ サクセスフル・セルフは、全ての人にとって大切ですが、そのあり方は、一人ひとり違います。

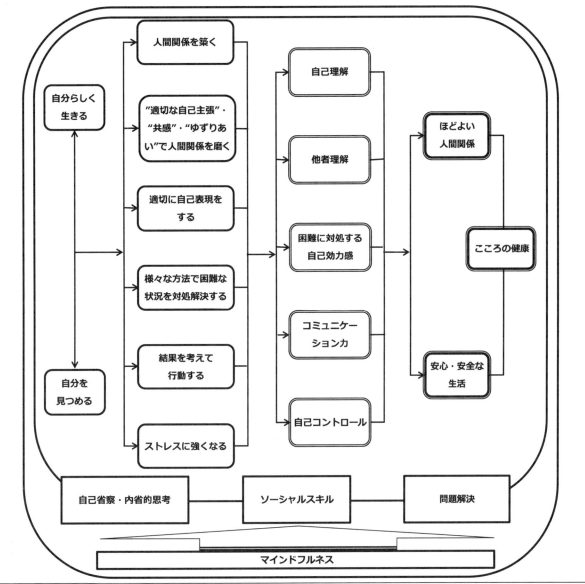

"サクセスフル・セルフ"ぷらすセルフケアのキーポイント

↦ 「自分らしく生きていく」ために、「自分と向き合い」、「自分のよい面を伸ばし」、「自分の課題を少しずつ修正」しながら、「自分を大切に」していきましょう。

↦ 「ほどよい人間関係を築き続けていく」ために、「適切な自己主張」「共感」「ゆずりあい」をしましょう。

↦ 「困ったことに対処し解決する」ために、まず「落ち着いて」、「周囲の人たちの立場に立って」みたり、「自分の気もち」をふり返ったりしてみましょう。そして、「様々な方法を考えて最もよいと思うものから実行」してみましょう。また、「何が起こるか考えてから行動」しましょう。

↦ 「自分をコントロール」するために、自分のこころやからだの状態に関心を向けて、ストレスの原因に気づき、ストレスコントロールをしましょう。

↦ 「セルフケア」するために、自分の「こころやからだに関心を向けて」、「いまこのときにある体験に気づき」、「感じて受け容れて」、必要に応じて「調整して整える」ことをしましょう。「やさしく思いやりいたわり」、「平静なこころ」でいましょう。

【自己理解：心理臨床活動のふり返り】

はじめに

　ここでは、心理教育“サクセスフル・セルフ”ぷらすセルフケアをはじめるにあたって、その概要を学びます。

目的

　この 1 年間の心理臨床活動をふり返り、自分の強みと課題に向き合います。

内容

　質問紙によって、「心理臨床活動とこころの健康」に関してふり返ります。

心理臨床活動とこころの健康についてふり返ってみましょう

記入日： ＿＿＿＿＿＿＿年＿＿＿＿＿＿月＿＿＿＿＿＿日

☆あなた自身について

学生番号 ＿＿＿＿＿＿＿＿＿＿＿＿＿＿ 氏名 ＿＿＿＿＿＿＿＿＿＿＿＿＿

年齢 ＿＿＿＿＿＿＿＿＿＿歳 性 ＿＿＿＿＿＿＿＿＿＿

心理臨床活動の場 ＿＿＿＿＿＿＿＿＿＿＿＿＿＿＿＿＿＿＿＿＿＿＿＿＿＿＿＿＿＿＿

心理臨床歴（個別の事例をはじめて担当してから現在までの期間） ＿＿＿＿＿年＿＿＿＿＿ヶ月

【設問A】これまでのあなたの心理臨床活動をふり返ってください。

［A1］ どのような**心がけ**をされていますか。

［A2］ **つらかったことや困ったこと**、**イライラや不快な気分**を感じたことは、どのようなことでしょうか。

［A3］ ［A2］について、あなたと相手(クライエント、家族、他の相談員、スーパーバイザー等)との間で、どのようなことが起きていたと思いますか。

［A4］ ［A2］について、**どの程度乗り越えた**と思いますか。0「乗り越えていない」〜10「乗り越えた」のうち、当てはまる程度の線上の ｜ に〇をつけてください。

```
0                    5                    10
├──┬──┬──┬──┬──┬──┬──┬──┬──┬──┤
乗り越えていない                          乗り越えた
```

［A5］ ［A2］について、**どのように乗り越え**ましたか。

［A6］ ［A1］〜［A5］を踏まえて、これから心理臨床活動に携わる**後輩**に向けて、**心理臨床に係る難しい状況に直面した際に乗り越えるためのメッセージ**をよせてください。

23

【設問B】この問は、もめごとが起こったときの行動を示しています。あなたにとってどの程度あてはまるかお答えください。

		全くない	たまに	ときどき	かなり	ほとんど いつも
B1	相手に文句を言ったりするより、落ち着いて自分の気もちを伝える	0	1	2	3	4
B2	もめごとを解決したいと思うときには、お互いに譲り合う	0	1	2	3	4
B3	同僚の話の輪にうまく入る	0	1	2	3	4
B4	自分の考えと違っても、相手の言いたいことを理解しようとする	0	1	2	3	4
B5	もめごとが起こったとき、お互いが納得する解決法を考える	0	1	2	3	4
B6	違う意見を持っている人をバカにしない	0	1	2	3	4
B7	相手がすごく怒っているとき、他の人に助けを求める	0	1	2	3	4
B8	相手が少し譲るなら、私も譲ろうと思う	0	1	2	3	4
B9	相手がどのように感じているか、考えるようにしている	0	1	2	3	4

【設問C】あなたの態度や気もちについてお聞きします。次のことについて、どの程度できる自信があるかお答えください。

		自信が ない	やや自 信がない	どちらとも いえない	やや自 信がある	自信が ある
C1	困っている人がいたら、積極的に助ける	0	1	2	3	4
C2	他人の良いところを、認める	0	1	2	3	4
C3	自分の良いところを、認める	0	1	2	3	4
C4	困難なことがあっても、前向きに行動する	0	1	2	3	4
C5	つらいことがあっても、気もちを強くもつ	0	1	2	3	4
C6	苦手な人や嫌いな人にも、挨拶をする	0	1	2	3	4
C7	他者があなたを怒らせたときでも、落ち着いて自分の気もちを相手に話す	0	1	2	3	4
C8	同僚同士のもめごとの仲立ちをする	0	1	2	3	4
C9	不快な気分にさせられた時、怒りを我慢する	0	1	2	3	4
C10	人との関係が悪くなるようなことは言わない	0	1	2	3	4
C11	同僚との間に起こった問題を解決するために、同僚と話し合いをする	0	1	2	3	4
C12	何かを決める前に、どんなことが起るかを予想する	0	1	2	3	4
C13	いくつかの方法を試みて、最もよいと思うものを選んで、問題を解決する	0	1	2	3	4
C14	ボランティア活動に積極的に参加する	0	1	2	3	4

【設問D】あなたは、**最近のご自身の健康**をどのようにお感じですか？当てはまる程度をお答えください。

1.　非常に健康　　　　　2.　まあ健康　　　　　3.　あまり健康でない　　　　　4.　具合が悪い

【設問E】この1ヵ月のあなたのご気分は、いかがですか？当てはまる程度をお答えください。

		全くない	たまに	ときどき	かなり	ほとんどいつも
E1	ひどく憂うつになることがありますか	0	1	2	3	4
E2	ひどく不安になることがありますか	0	1	2	3	4

心理臨床活動に携わる後輩に向けて、

心理臨床に係る難しい状況に直面した際に乗り越えるための先輩からのメッセージ

動揺したり、自分が悪いと思うかもしれけれど、**成長するチャンス**だと思って、一人でためないで、誰かに話をしたり、**助けを求める**ことも大切だと思う。

下手なことをしないようにと後手にまわることもあるかと思いますが、小さなことから行動してみれば、変化や発見があるかもしれません。

自分の想定外のことばかりが起きるけれど、何が起きても**粘り強く関われば**何とか乗り越えられると思います。

自分が本当に活躍していきたい領域はどこなのか考え、その分野で**学び**や経験を積んでいってください。自分という**軸**をもって切り替えることも大切です。頑張り過ぎず、自分の**成長**を見つめます。

責任感をもつことは大事ですが、相手のことを考えすぎて、**自分がつぶれてしまわないようにする**ことが最も大切だと思う。気もちの**切り替え**が大事。

考えて改善していくことは大切だけれど、**考えすぎないようにホドホドが大切**。自分自身を追い詰め過ぎない。

相手に対してその場しのぎのことばとか聴いているふりとかではなく、誠実に向き合って、**興味をもつことが大切**だと思うし、難しいことだと思います。

気づいて、感じて、受け容れて、整えましょう!

"サクセスフル・セルフ"（Successful Self）のポイント

- ➥ 「自分らしく生きていく」ために、「自分と向き合い」「自分のよい面を伸ばし」「自分の課題を少しずつ修正」しながら、「自分を大切に」しましょう。
- ➥ 「ほどよい人間関係を築き続けていく」ために、「適切な自己主張」「共感」「ゆずりあい」をしましょう。
- ➥ 「困難なことに対処し解決する」ために、「落ち着いて」、「周囲の人達の立場に立って」みたり、「自分の気もち」をふり返ったりしてみましょう。「様々な方法を考えて最もよいと思うものから実行」してみましょう。「何が起こるか考えてから行動」しましょう。
- ➥ 「自分をコントロール」するために、自分のこころやからだの状態に関心を向けて、ストレスの原因に気づき、ストレスマネジメントをしましょう。

"セルフケア"のポイント

- ➥ 自分のからだやこころに注意を向けて、自分が感じるからだの感覚、気もちのありよう、思い、気づいたままに感じてみましょう。不快な感じがあるのなら、我慢し過ぎず、頑張り過ぎず、やさしく、思いやりの気もちを向けて、いたわりましょう。
- ➥ 疲れは"積もれば山"となりますので、適度に休養し心身の充電をしましょう。一日 10 分くらいは、自分のためのこころのゆとりの時間をもちましょう。

20　　年　　月　　日　学生番号＿＿＿＿＿＿＿＿　氏名＿＿＿＿＿＿＿＿＿＿＿＿＿＿

月／日 (曜日)	よい体験				いやな体験					今の考え
	出来事	からだの感覚	わいてきた感情	わいてきた思考	出来事	からだの感覚	わいてきた感情	わいてきた思考	対処ケア	
例 10／6 （日）	通学中、虫の音を聞き樹々をみた。	心地よさ。	穏やかさ、すがすがしさ。	過ごしやすい季節になってきたな。	不備のある書類が届いた。	心臓がドキドキ。	焦りと不安。	困ったな、やれやれ。	相手に尋ねた。	人はミスをする。
／ （　）										
／ （　）										
／ （　）										
／ （　）										
／ （　）										
／ （　）										
／ （　）										

この１週間の "気づいて，感じて，受け容れて，整えましょう!" についての感想

第4章

セッション1　　セルフケア

【マインドフルネス・トレーニング：呼吸とともに[1]】

目的

　呼吸を手がかりにして　やさしく・おだやかに、こころやからだに注意をむけて、今ここでの、自分のこころやからだの感覚を体験します。

実践

❑　首や肩の力をぬいて、自分にあった姿勢に整えます。背は背もたれから離します。手は、膝の上でも、そのまま身体に沿うように横でも、自分にしっくりくるようにします。足が地についているのを感じます。目は閉じるか薄く開けた状態にします。

❑　鼻での呼吸に意識を向け、ゆっくり息を吸ったり吐いたりします。その感覚を感じてみます。感じにくい場合には、お腹に手を置いてお腹の動きに注意を向けてみます。吸ったときには静かにふくらみ、吐いたときには引っ込むのを感じてみます。

❑　息を吸ったり吐いたりして、瞬間瞬間の呼吸の感覚に注意を向けて、どんな感じがするのか感じてみます。

❑　あれこれ考えて、呼吸に注意が向けづらくなったことに気づいたら、気づいた(気づくことができた)自分をやさしくいたわります。そして、「呼吸から注意をそらせたものは何だろうか確認」して、もう一度呼吸に注意を向けます。

❑　鼻からの呼吸という1カ所への注意集中から、自分のからだやこころ全体へ注意を広げます。

❑　自分が気づいた、からだの感覚、気もちのありよう、思いについて、そっとそのまま感じてみます。

❑　不快な感じがしたら、やさしく、思いやりの気もちを向けて、自分をいたわってみましょう。

❑　もう一度、鼻での呼吸に意識を向け、ゆっくり息を吸ったり吐いたりします。その感覚を感じてみます。

❑　息を吸ったり吐いたりして、瞬間瞬間の呼吸の感覚に注意を向けて、どんな感じがするのか感じてみます。

---

[1]［以下の研修および資料を参考にした］

・Oxford Mindfulness Centre. (2016/8/22-26) Oxford Mindfulness Summer School 2016.

・Center for Mindful Self-Compassion (http://centerformsc.org/)<Neff, K., & Germer, C. (December 2016).

・Mindful Self-Compassion. Center for Mindful Self-Compassion. (March 12-17, 2017. Sedona Mago Retreat, Sedona, Arizona, USA).

・Center for Mindfulness in Medicine, Health, Care, and Society, UMass Medical School. Summer 2017 ONLINE Live Mindfulness-Based Stress Reduction (MBSR) program

・Oxford Mindfulness Centre・日本マインドフルネス学会　協働によるMBCTワークショップ(モジュール1〜4). 2017〜2018

❏　ゆっくりと自分のペースで、この取り組みを閉じていきます。この取り組みを閉じる準備ができたかどうか、自分と相談します。

❏　準備ができたら、目と瞼がふれているのを感じてから、ゆっくりと目を開けます。光が入ってくる感じを感じます。

❏　それから、両手を閉じたり開いたりします。よければ、軽くストレッチをします。

✧　一緒に取り組んだ仲間と、体験した感想を共有します。

（大切な約束）＊仲間と体験を語り合うにあたっては、語るときには、自分に合った自己開示をします。聴くときには、相手の語りを否定したり批判したりしないで、やさしく思いやりといたわりの気もちをもって、中立的に傾聴します。

セッション1　　"サクセスフル・セルフ"

【人間関係：人間関係構築1—仲間と共に考える—】

目的

　心理臨床に携わる人になるための大切な基礎について、仲間と一緒に考えます。

　仲間との関係を築くために、適度に自己開示したり、相手を理解したりすることが大切であることを学びます。

　自分と他者の生き方には、類似点と相違点が存在することを理解します。

内容

　心理臨床に携わる人になる基礎作りとして必要な点について、自己開示と他者理解を行いながら、仲間と語り合います。

実施日　　年　月　日　　学生番号　　　　　　　　　氏名

＊仲間との語り合いを通じて心理臨床に携わる人になる基礎作り＊

	A	B	C	D
1	心理相談が安心できる場になるように、あなたが心がけていることは [サイン　　　]	あなたの心の健康を保つ方法は [サイン　　　]	クライエントを理解するために、あなたが心がけていることは [サイン　　　]	仲間とうまくやっていくコツは [サイン　　　]
2	困ったことやつらいことを乗り越えるためのあなたのコツは [サイン　　　]	あなたのサポーターは [サイン　　　]	クライエントと信頼関係を築くために、あなたが心がけたいことは [サイン　　　]	憂うつな気分やイライラ感を自己コントロールするコツは [サイン　　　]
3	不快な気分の時でも人にあたらないあなたのコツは [サイン　　　]	あなた自身の強みは [サイン　　　]	やらなければならないことが多いとき、あなたが心がけていることは [サイン　　　]	専門性を高めるために、あなたがしたいことは [サイン　　　]
4	カンファレンスやスーパーバイズで、あなたが心がけたいことは [サイン　　　]	あなたの尊敬する人は [サイン　　　]	難しいことに取り組むためのあなたのコツは [サイン　　　]	あなた自身の人間関係における課題への対処として、心がけていることは [サイン　　　]

実施日　　年　月　日　　　　　学生番号　　　　　　　氏名

心理臨床に携わる人になるための基礎力をつけるポイント
○ 自分自身のものの見方・とらえ方、**感情・気もち**、**身体の感覚**、**他者との関係性**、**価値**、**態度・行動**の特徴を理解し**受け容れ**て、上手に付き合いましょう。
○ 自分自身の強みや課題に目を向けてみましょう。
○ 自分自身の強みをいかしましょう。
○ 自分自身の課題を少しずつ、整えてみましょう。
○ 仲間との関係を築き大切にしましょう。
人間関係を築くポイント
○ スモールトーク（軽い会話・雑談・世間話）をしてみましょう。
○ 日常生活のちょっとしたことを、相手に尋ねてみましょう。
○ 相手の「その人らしさ」を理解しましょう。
○ 自分のイメージ、思いや考えと相手の反応が違っても、相手の語りを否定したり批判したりしないで、共感的に傾聴しましょう。
○ 自分の思いや考え、気もちを、相手に話してみましょう。
○ 自分と他人には、「類似点」と「相違点」があることを理解しましょう。

セッションをふり返ってみてください。

実施日　　　年　　　月　　　日　学生番号　　　　　　　　　氏名　　　　　　　　　　　

[設問 A]次の問について、そう思わない=0～そう思う=4 の中から、それぞれあてはまる番号に〇印をつけてください。

問	回答				
	そう思わない	ややそう思わない	どちらともいえない	ややそう思う	そう思う
1　どのようなことを心がけたり、行ったりすることが、心理臨床に携わる人になる基礎作りとして大切なのか、考えることができましたか。	0	1	2	3	4
2　他者に、自己開示できましたか。	0	1	2	3	4
3　自分と他者の似ている特徴、自分らしい特徴を見つけられましたか。	0	1	2	3	4
4　人間関係作りのヒントを得ましたか。	0	1	2	3	4

[設問 B]セッション【人間関係：人間関係構築1－仲間と共に考える－】に参加して、心理臨床に携わる人になるための基礎力を身に付けるために、心がけてみようと思うこと、やってみようと思うことを述べてください。

気づいて、感じて、受け容れて、整えましょう!

"サクセスフル・セルフ"（Successful Self）のポイント

↪ 「自分らしく生きていく」ために、「自分と向き合い」「自分のよい面を伸ばし」「自分の課題を少しずつ修正」しながら、「自分を大切に」しましょう。

↪ 「ほどよい人間関係を築き続けていく」ために、「適切な自己主張」「共感」「ゆずりあい」をしましょう。

↪ 「困難なことに対処し解決する」ために、「落ち着いて」、「周囲の人達の立場に立って」みたり、「自分の気もち」をふり返ったりしてみましょう。「様々な方法を考えて最もよいと思うものから実行」してみましょう。「何が起こるか考えてから行動」しましょう。

↪ 「自分をコントロール」するために、自分のこころやからだの状態に関心を向けて、ストレスの原因に気づき、ストレスマネジメントをしましょう。

"セルフケア"のポイント

↪ 自分のからだやこころに注意を向けて、自分が感じるからだの感覚、気もちのありよう、思い、気づいたままに感じてみましょう。不快な感じがあるのなら、我慢し過ぎず、頑張り過ぎず、やさしく、思いやりの気もちを向けて、いたわりましょう。

↪ 疲れは"積もれば山"となりますので、適度に休養し心身の充電をしましょう。一日10分くらいは、自分のためのこころのゆとりの時間をもちましょう。

20　　年　　月　　日　学生番号＿＿＿＿＿＿＿＿　氏名＿＿＿＿＿＿＿＿＿＿＿＿＿

月／日 (曜日)	よい体験				いやな体験					今の 考え
	出来事	からだの 感覚	わいてき た感情	わいてき た思考	出来事	からだの 感覚	わいてき た感情	わいてき た思考	対処 ケア	
例 10／6 (日)	通学中、虫の音を聞き樹々をみた。	心地よさ。	穏やかさ、すがすがしさ。	過ごしやすい季節になってきたな。	不備のある書類が届いた。	心臓がキドキ。	焦りと不安。	困ったな、やれやれ。	相手に尋ねた。	人はミスをする。
／ (　)										
／ (　)										
／ (　)										
／ (　)										
／ (　)										
／ (　)										
／ (　)										

この1週間の "気づいて、感じて、受け容れて、整えましょう!" についての感想

第5章

セッション2　　セルフケア

【マインドフルネス・トレーニング：マインドフルに食す[2]】

目的

「食」を手がかりにして、やさしく・おだやかに、こころやからだに注意をむけて、今ここでの、自分のこころやからだの感覚を体験します。

実践

❍　「食べ物」に注意を向けて、食べる物を一つ選びます。

❍　選んだ食べ物に、注意を向けます。

❍　観た感じ、におい、音、つまんだ感覚を非判断的にありのままに注意を向けて、どんな感じか、好奇心をもって、五感をつかい、感じてみます。

❍　食べ物を唇のそばにもっていきます。唾液がでてくる感じ、食べたい感覚、感じてみます。

❍　口の中に入れるかどうか、今食べたいかどうか、食べるかどうか、自分と相談します。

❍　よければ、食べ物を口に入れます。

❍　口に入れた感じを感じてみます。舌触り、口の中で動かしたときの感覚を感じてみます。

❍　噛む準備が整ったら、ゆっくり噛んでみます。噛んだときの音、味、触感、香り等感じてみます。

❍　飲み込む準備が整ったら、飲み込みましょう。「食べ物」が身体に収まったのを感じます。

✧　一緒に取り組んだ仲間と、体験した感想を共有します。

（大切な約束）＊仲間と体験を語り合うにあたっては、語るときには、自分に合った自己開示をします。聴くときには、相手の語りを否定したり批判したりしないで、やさしく思いやりといたわりの気もちをもって、中立的に傾聴します。

2　［以下の研修および資料を参考にした］

・Oxford Mindfulness Centre. (2016/8/22-26) Oxford Mindfulness Summer School 2016.

・Center for Mindfulness in Medicine, Health, Care, and Society, UMass Medical School. Summer 2017 ONLINE Live Mindfulness-Based Stress Reduction (MBSR) program

・Oxford Mindfulness Centre・日本マインドフルネス学会　協働によるMBCTワークショップ（モジュール1〜4）. 2017〜2018

・安藤美華代. (2016). 糖尿病とともに生きる人たちのサポート・グループ活動での心理臨床的支援の実践. 心理・教育相談の実践研究, 14, 1-12.

セッション2　　"サクセスフル・セルフ"

【自己理解：自分らしく生きる－"サクセスフル・セルフ"への道－】

目的

　"サクセスフル・セルフ"（社会の中で自分らしく生きること）をふまえた心理臨床に携わる人としてのイメージをつくります。

　それを達成するための目標を立てます。

　目標の達成を目指して自分を見つめ、自分の強みと修正したほうが望ましい面を考えることが重要であるという認識を高めます。

内容

　自分の行動についてふり返り、自分がなりたい心理臨床に携わる人のイメージをつくります。"サクセスフル・セルフ"セルフチェックシートを使って、自分がなりたい心理臨床に携わる人に近づくので続けたい行動となりたい心理臨床に携わる人から遠ざかるのでやめたい行動を明確にし、シートを完成します。

実施日 　　　年　　月　　日　　学生番号 ＿＿＿＿＿＿＿＿　　氏名 ＿＿＿＿＿＿＿＿＿＿＿＿＿＿

"サクセスフル・セルフ"をイメージしてみましょう

昨年１年間で頑張ったこと

どのような心理臨床に携わる人になりたい

心理臨床に携わる人として成功するためのポイント

実施日 　　　年　　月　　日　　学生番号 ＿＿＿＿＿＿＿＿　　氏名 ＿＿＿＿＿＿＿＿＿＿

グループ No. ＿＿＿＿＿＿＿＿＿
"サクセスフル・セルフ"のイメージをグループで共有しましょう。

"サクセスフル・セルフ"をイメージしてみましょう

昨年1年間で頑張ったこと

どのような心理臨床に携わる人になりたい

心理臨床に携わる人として成功するためのポイント

"サクセスフル・セルフ"

自分がなりたい心理臨床に携わる人になるための目標

"いつもできている"行動

"続けたい"行動　　　　"やめたい"行動

"サクセスフル・セルフ" セルフチェック

（　）困っているときでも、落ち着いて振る舞う	（　）困っているとき、どうしていいのか戸惑い混乱することがある
（　）憂うつな気分やイライラしているときでも、感情をコントロールする	（　）憂うつな気分やイライラしているとき、人に感情をぶつけることがある
（　）もめごとになりそうなことは、よく考えて対処する	（　）後でもめごとになるようなことを、つい人に話すことがある
（　）周りが和やかな雰囲気になるように気を配る	（　）周りの雰囲気より自分の感情を優先させることがある
（　）他者との間に起こった問題を解決するために、話し合う	（　）他者との間で問題が起こると、怒りを爆発させることがある
（　）人とうまくやっていくように心がける	（　）人とうまくやっていけないことがある
（　）やらなければいけないことは計画的にやる	（　）やらなければいけないことを放っておくことがある
（　）人を傷つけるようなことは言わない	（　）人を傷つけるようなことを言うことがある
（　）授業に遅刻しない	（　）授業に遅刻することがある
（　）お金を無駄遣いしない	（　）お金を無駄遣いすることがある
（　）人の意見を理解し、必要に応じて取り入れる	（　）人の意見を理解しようとしないことがある
（　）自分の心身の健康に充分気遣う	（　）自分の心身の健康にあまり気遣わない
（　）よい心理臨床に携わる人になるように研鑽を積んでいる	（　）よい心理臨床に携わる人になるような研鑽を怠ることがある
（　）クライエントに敬意を払っている	（　）クライエントに敬意を払わないことがある
（　）クライエントを気遣っている	（　）クライエントを気遣わないことがある
（　）クライエントとセラピストとしての関係を築こう努めている	（　）クライエントとセラピストとしての関係を築こう努めないことがある
（　）クライエントに安定した態度で接している	（　）クライエントの語りに不安になったり大仰に反応したり、性急に批判したりすることがある
（　）心理臨床実践について聞いてくれる信頼できる人がいる	（　）心理臨床実践について、自分ひとりの心の中に抱え込んでいる
（　）心理臨床の仕事から解放される時間をもっている	（　）心理臨床の仕事が頭から離れないことがある
（　）＿＿＿＿＿＿＿＿＿＿＿＿	（　）＿＿＿＿＿＿＿＿＿＿＿＿

心理臨床に携わる人になるためのポイント
自己研鑽を積みましょう。 クライエントとセラピストとしての人間関係を築きましょう。 クライエントの語りや振る舞いに不安になったり、大仰に反応したり性急に批判したりするよりも、安定した態度でクライエントに接しましょう。 心理臨床活動について聞いてくれる信頼できる人（スーパーバイザー、仲間）をもちましょう。 心理臨床の仕事から解放される時間をもちましょう。
社会の中で自分らしく生きるためのポイント
自分の感情・認知・行動の特徴について、ふり返ってみましょう。 なりたい自分をイメージしてみましょう。 尊敬する人、信頼できる人、模範となる人を思い浮かべてみましょう。 10 年後に、なっていたい自分をイメージしてみましょう。 なりたい自分になるための目標を立ててみましょう。 なりたい自分に近づくために、これからも続けたい目標を立ててみましょう。 なりたい自分から遠ざかるので、やめたい目標を立ててみましょう。 続けたい目標は、自然にできるまで頻度を増やしていきましょう。 やめたい目標は、稀になるまで頻度を減らしていきましょう。

心理臨床活動に携わる後輩に向けて、院生先輩からのメッセージ

心理臨床に携わる人として成功するためのポイント

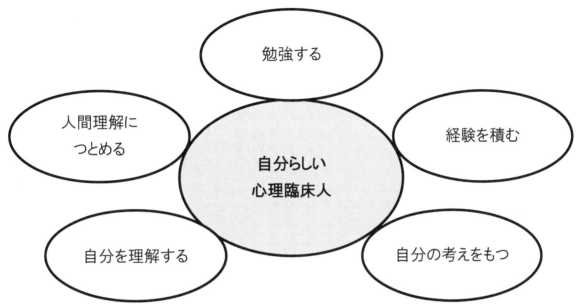

自分がなりたい心理臨床に携わる人になるための目標に近づくために

これからも続けたい行動	これから頻度を減らしていきたい行動
憂うつな気分やイライラしているときでも感情コントロール もめごとになりそうなことは、よく考えて対処する 周りが和やかな雰囲気になるように気を配る 他者との間に起こった問題を解決するために、話し合う 人とうまくやっていくように心がける 人を傷つけるようなことは言わない 自分の心身の健康に充分気遣う よい心理臨床に携わる人になるように研鑽を積む クライエントに敬意を払う クライエントを気遣う クライエントとセラピストとしての関係を築くよう努める クライエントに安定した態度で接する 心理臨床実践について聞いてくれる信頼できる人がいる 心理臨床の仕事から解放される時間をもっている	困っているとき、どうしていいのか戸惑い混乱する 憂うつな気分やイライラしているとき人に感情をぶつける 周りの雰囲気より自分の感情を優先させる 人とうまくやっていけない やらなければいけないことを放っておく 人を傷つけるようなことを言う お金を無駄遣いする よい心理臨床に携わる人になるための研鑽を怠る
誰とでも気兼ねなく話す 自分の行動上、よくない習慣について考えて理解する 要領よく、ものごとをすすめる よいフィードバックもわるいフィードバックも歓迎する 勉強やセミナーへの参加費をためる	追い詰められて逃げる 相手の言葉をそのまま受け取る 相手の言葉の裏を考えすぎる 白黒はっきりつけたくなる 沈黙に戸惑ってしゃべってしまう 自分の考えを相手に伝わるように話せない 後先のことを考えずに行動する すぐに表情や態度にでてしまう 自分に全く自信がもてない

セッションをふり返ってみてください。

実施日　　　年　　　月　　　日　学生番号　　　　　　　　氏名　　　　　　　　　　

[設問 A]次の問について、そう思わない=0〜そう思う=4 の中から、それぞれあてはまる番号に〇印をつけてください。

問		回答				
		そう思わない	ややそう思わない	どちらともいえない	ややそう思う	そう思う
1	自分がなりたい心理臨床に携わる人をイメージできましたか。	0	1	2	3	4
2	自分がなりたい心理臨床に携わる人になるための目標が立てられましたか。	0	1	2	3	4
3	「続けたい」目標が立てられましたか。	0	1	2	3	4
4	「やめたい」目標が立てられましたか。	0	1	2	3	4

[設問 B]セッション【自己理解:自分らしく生きる－"サクセスフル・セルフ"への道－】に参加して、自分がなりたい心理臨床に携わる人になるために、これから心がけてみようと思うこと、やってみようと思うことを述べてください。

気づいて、感じて、受け容れて、整えましょう!

"サクセスフル・セルフ"(Successful Self)のポイント

➥ 「自分らしく生きていく」ために、「自分と向き合い」「自分のよい面を伸ばし」「自分の課題を少しずつ修正」しながら、「自分を大切に」しましょう。

➥ 「ほどよい人間関係を築き続けていく」ために、「適切な自己主張」「共感」「ゆずりあい」をしましょう。

➥ 「困難なことに対処し解決する」ために、「落ち着いて」、「周囲の人達の立場に立って」みたり、「自分の気もち」をふり返ったりしてみましょう。「様々な方法を考えて最もよいと思うものから実行」してみましょう。「何が起こるか考えてから行動」しましょう。

➥ 「自分をコントロール」するために、自分のこころやからだの状態に関心を向けて、ストレスの原因に気づき、ストレスマネジメントをしましょう。

"セルフケア"のポイント

➥ 自分のからだやこころに注意を向けて、自分が感じるからだの感覚、気もちのありよう、思い、気づいたままに感じてみましょう。不快な感じがあるのなら、我慢し過ぎず、頑張り過ぎず、やさしく、思いやりの気もちを向けて、いたわりましょう。

➥ 疲れは"積もれば山"となりますので、適度に休養し心身の充電をしましょう。一日 10 分くらいは、自分のためのこころのゆとりの時間をもちましょう。

20　　年　　月　　日　学生番号＿＿＿＿＿＿＿　氏名＿＿＿＿＿＿＿＿＿＿＿

月／日 (曜日)	よい体験				いやな体験					今の 考え
	出来事	からだの 感覚	わいてき た感情	わいてき た思考	出来事	からだの 感覚	わいてき た感情	わいてき た思考	対処 ケア	
例 10／6 (日)	通学中、虫の音を聞き樹々をみた。	心地よさ。	穏やかさ、すがすがしさ。	過ごしやすい季節になってきたな。	不備のある書類が届いた。	心臓がドキドキ。	焦りと不安。	困ったな、やれやれ。	相手に尋ねた。	人はミスをする。
／ (　)										
／ (　)										
／ (　)										
／ (　)										
／ (　)										
／ (　)										
／ (　)										

この1週間の "気づいて、感じて、受け容れて、整えましょう!" についての感想

第6章

セッション3　　セルフケア

【マインドフルネス・トレーニング：自分をいたわる身体表現[3]】

目的

　困難な状況で苦しいとき、自分に起こっている苦痛をありのまま受け容れ、その苦痛を緩和し、なんとかやっていこうとする肯定的なかかわり方を、セルフ・コンパッションを身につけることを通して学びます。

　セルフ・コンパッションとは、「自分のつらさやいたみや苦しみに、あるがままでいられるよう、やわらぐよう願い、自分に心から思いやり・いたわりの気もちを向けて、やさしさをもって接し、自分を大切にすること。」です（Neff & Germer, 2016 を参考の上、安藤）。セルフ・コンパッションを向上させることは、自分に対しての忍耐性や寛容性を育てることにつながると考えられています（Neff & Germer, 2016）。

　"こころ"をひらいて（Open heart! Open mind!）みましょう。自分の気もちに寄り添います。

　自分の身体にやさしくふれてみることを通して、自分が安心できるポーズを探索してみます。

実践

❏　他の人の視線をそれほど心配しなくてもよい場所を見つけます。

❏　首や肩の力をぬいて、自分にあった姿勢に整えます。（よければ）そっと目を閉じます。

❏　自分にとって安心できるところや楽に感じるところを探索し、手をふれます。

（胸に手をあてる。片手を胸に、もう片方の手をお腹におく。顔をさする。頬を包み込む。腕をなでる。身体を包み込む。
　等）

❏　そして、ゆっくりしずかに呼吸をします。

❏　からだのポーズでどんな気もちになるのか、感じてみます。

❏　ゆっくりと自分のペースで、この取り組みを閉じていきます。この取り組みを閉じる準備ができたかどうか、自分と
　相談します。

❏　準備ができたら、目と瞼がふれているのを感じてから、ゆっくりと目を開けます。光が入ってくる感じを感じます。
　ゆっくりと目を開けます。

❏　それから、両手を閉じたり開いたりします。よければ、軽くストレッチをします。

---

[3]　［以下の研修および資料を参考にした］
・Center for Mindful Self-Compassion (http://centerformsc.org/)<Neff、K.、& Germer、C. (December、2016).
・Mindful Self-Compassion. Center for Mindful Self-Compassion. (March 12-17、2017. Sedona Mago Retreat、Sedona、Arizona、USA).

✧　一緒に取り組んだ仲間と、体験した感想を共有します。

（大切な約束）＊仲間と体験を語り合うにあたっては、語るときには、自分に合った自己開示をします。聴くときには、相手の語りを否定したり批判したりしないで、やさしく思いやりといたわりの気もちをもって、中立的に傾聴します。

セッション3　　　"サクセスフル・セルフ"

【自己理解：自分を好きになろう】

目的

　適切な自己理解や自己受容を向上させ、自分を大切にし、過剰な劣等感を予防します。

　社会の中で自分らしく生きるために、「自分」を見つめます。

　自分の感情、考え方、行動の特徴(クセ)を理解します。

　自己理解のために、自分らしいところを考え表現してみます。

内容

　これまでの人生における嬉しかったこと、悲しかったこと・苦しかったことの乗り越え方について、自分を見つめます。

　この1年の心理臨床の悩みと対処について、自分を見つめます。

　自分らしい感情・認知・行動の特徴について考えます。

　様々な形で、「自分」を表現します。

グループの人の強みを見つけよう

（　　）年（　　）月（　　）日 （　　　　　　　）から（　　　　　　　）さんへ	（　　）年（　　）月（　　）日 （　　　　　　　）から（　　　　　　　）さんへ
あなたのこんなところが強みだと思う。	あなたのこんなところが強みだと思う。

（　　）年（　　）月（　　）日 （　　　　　　　）から（　　　　　　　）さんへ	（　　）年（　　）月（　　）日 （　　　　　　　）から（　　　　　　　）さんへ
あなたのこんなところが強みだと思う。	あなたのこんなところが強みだと思う。

（　　）年（　　）月（　　）日 （　　　　　　　）から（　　　　　　　）さんへ	（　　）年（　　）月（　　）日 （　　　　　　　）から（　　　　　　　）さんへ
あなたのこんなところが強みだと思う。	あなたのこんなところが強みだと思う。

47

「自分」を好きになる！

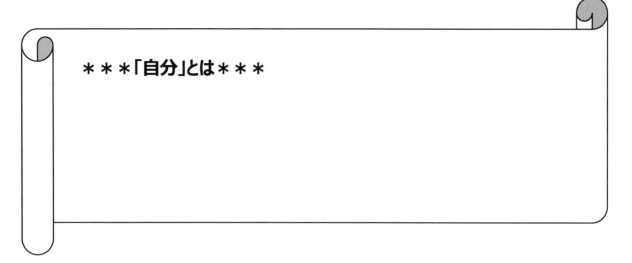

＊＊＊「自分」とは＊＊＊

＊＊＊「自分」のイメージを描いてみましょう＊＊＊

心理臨床に携わる人になるためのポイント

　自己理解のために、<u>心をひらいて</u>、<u>自分</u>（の気もち、ものの見方やとらえ方、身体の感覚、他者との関係、大切なこと）に寄り添い、**自分らしさ**を考えてみます。

　それは、**自分を大切**にし、**過剰な劣等感を予防**し、**他者とよい関係を築く**ことにつながります。

　社会の中で自分らしく生きるには、まず**自分と友だちなる（自分を知る）**ことが大切です。

　自分と友だちになることは、つらいことを無理してやったり、みんなから好かれなくてはいけないと思ったりすることではありません。

　自分と友だちになるには、周囲へ気遣いや配慮をしながらも、「ここは私のよいところ」と**自分を大切**にし、**自分自身が楽しいと思えること**をすることが大切です。

社会の中で自分らしく生きるためのポイント

　この時期は、「自分とは」、「どのように生きていきたいか」といった**アイデンティティを探求していく時期**（Age of Identity Explorations）です。特に、職業的アイデンティティ、恋愛によるアイデンティティの探求がこの時期特有のテーマです（Arnett, 2000, 2006）。

　幼い頃から培ってきた様々な「自分らしさ」を統合して、「これが私の生き方」というものをもち、社会の一存在になること（アイデンティティの形成）が、この時期の重要な課題です（Erikson, 1968）。

　この過程では、自分が思っているだけではなく、他者からの要請を自分なりに受け止め、現実と折り合いをつけることが必要とされます（菅, 2005）。

　アイデンティティの形成には、その人の**人生の在り方**が関係してきます。人生には、<u>人が社会の中で生きていく中で環境に合わせようとする方向</u>と、<u>それを崩そうとする方向</u>の両方が芽生えるために生じる、**心理社会的な危機**があります。

　この危機そのものは、健康なパーソナリティの発達過程で見られるものです。青年期の基本的な心理社会的危機は、**アイデンティティ対アイデンティティの拡散**にあります。「自分は何者だろう」というアイデンティティの拡散に直面して、そのことと向き合うことが多く、その**拡散を乗り越える（対処克服する）**ことで、**アイデンティティが獲得**されていきます（菅, 2005）。

　アイデンティティの問題に悩む若者にみられる思い（沢崎, 1993, 1994）として、「自分は何ができるのか」、「自分は何に向いているのか」「自分はどういう人間なのか」等の<u>疑問解消への願望</u>、自分を知りたいという自己認知の深まりによる<u>自己理解への希求</u>があります。

　「もっと自分を好きになりたい」「満足できる自分でありたい」「自分に自信をもちたい」等、<u>自己受容の深まり</u>、「自分を受け容れたい」<u>自己受容の願望の芽生え</u>も関係しています（Coleman, 1999）。

　アイデンティティの形成、つまり複雑化した社会を生きるには、複雑な認知・思考過程が必要になります。それは、**日常生活上の体験と内的側面（感情面・自己感・現実感等）をつなげていくことで、自己理解をすすめていく**ことが大切になります。

セッションをふり返ってみてください。

実施日　　　年　　　月　　　日　学生番号　　　　　　　　氏名　　　　　　　　　　　　　

[設問 A]次の問について、そう思わない=0～そう思う=4 の中から、それぞれあてはまる番号に〇印をつけてください。

問	回答				
	そう思わない	ややそう思わない	どちらともいえない	ややそう思う	そう思う
1　「自分」を見つめることができましたか。	0	1	2	3	4
2　「自分を好きになる」台紙に、「自分」を文章で表現することができましたか。	0	1	2	3	4
3　「自分を好きになる」台紙に、「自分」を表現することができましたか。	0	1	2	3	4
4　自己理解が広がりましたか、深まりましたか。	0	1	2	3	4

[設問 B] セッション【自己理解：自分を好きになろう】に参加して、「自分」を好きになるために、これから心がけてみようと思うこと、やってみようと思うことを述べてください。

気づいて、感じて、受け容れて、整えましょう！

"サクセスフル・セルフ"（Successful Self）のポイント

- ↳ 「自分らしく生きていく」ために、「自分と向き合い」「自分のよい面を伸ばし」「自分の課題を少しずつ修正」しながら、「自分を大切に」しましょう。
- ↳ 「ほどよい人間関係を築き続けていく」ために、「適切な自己主張」「共感」「ゆずりあい」をしましょう。
- ↳ 「困難なことに対処し解決する」ために、「落ち着いて」、「周囲の人達の立場に立って」みたり、「自分の気もち」をふり返ったりしてみましょう。「様々な方法を考えて最もよいと思うものから実行」してみましょう。「何が起こるか考えてから行動」しましょう。
- ↳ 「自分をコントロール」するために、自分のこころやからだの状態に関心を向けて、ストレスの原因に気づき、ストレスマネジメントをしましょう。

"セルフケア"のポイント

- ↳ 自分のからだやこころに注意を向けて、自分が感じるからだの感覚、気もちのありよう、思い、気づいたままに感じてみましょう。不快な感じがあるのなら、我慢し過ぎず、頑張り過ぎず、やさしく、思いやりの気もちを向けて、いたわりましょう。
- ↳ 疲れは"積もれば山"となりますので、適度に休養し心身の充電をしましょう。一日10分くらいは、自分のためのこころのゆとりの時間をもちましょう。

20　　年　　月　　日　学生番号_____　氏名_____

月／日 （曜日）	よい体験				いやな体験					今の 考え
	出来事	からだの 感覚	わいてき た感情	わいてき た思考	出来事	からだの 感覚	わいてき た感情	わいてき た思考	対処 ケア	
例 10／6 （日）	通学中、虫の音を聞き樹々をみた。	心地よさ。	穏やかさ、すがすがしさ。	過ごしやすい季節になってきたな。	不備のある書類が届いた。	心臓がドキドキ。	焦りと不安。	困ったな、やれやれ。	相手に尋ねた。	人はミスをする。
／ （　）										
／ （　）										
／ （　）										
／ （　）										
／ （　）										
／ （　）										
／ （　）										

この1週間の "気づいて、感じて、受け容れて、整えましょう！" についての感想

第 7 章

セッション4　　セルフケア

【マインドフルネス・トレーニング：マインドフルに身体を観る[4]】

目的
　ボディスキャンによって、自分の身体を意識してみることを体験します。
　自分が注意を向けている身体の部分の感覚を感じ、そこに意識をとどめることを実感してみます。

実践

❏　首や肩の力をぬいて、自分にあった姿勢に整えます。背は背もたれから離します。腕は楽な状態にして、両足は離して、足が地についているのを感じます。自分にとって楽な、自然に呼吸ができるような姿勢に整えます。目は開けていても閉じていても、時々明けても、明るい場所でも、立っていても構いません。不快な感じがして、姿勢を変えたくなったら、そのことをあるがままに受け容れて、姿勢を整えます。

❏　今ここにいるこころやからだに意識を向けて、感じ、受け容れて、自分のこころや身体をいたわる時間を過ごします。

❏　大地に支えられている自分を感じます。(7分程度)

❏　気もち(感情)の状態はいかがでしょうか。不快感、普通、興奮している、退屈、そういう気もちをもちながら、今ここにいる自分に注意を向けてみます。無理に気分をあげようとする必要はありません。ただそういう気もちでいることに気づきます。追いかけようとしたり、あらがったりせず、それを車窓から観るように、やさしく関心をもって眺めます。

❏　思考の状態はいかがでしょうか。過去のつらい体験が思い浮かんでいるかもしれません。今日しなくてはいけないことが頭に浮かんでいるかもしれません。無理に押しやろうとする必要はありません。すでにそういった心の状態にあることに気づき、受け容れます。それを車窓から観るように、やさしく関心をもって眺めます。

❏　身体の状態は、いかがでしょうか。身体に意識を向けてみます。足、足全体、お腹や腰のあたり、身体の真ん中あたり、背中全体、胸のあたり、腕や手、首、顔、頭はどうでしょう。最も強く感じる部分はどこでしょう。どんな感覚か感じてみます。今ここでの身体の感覚を感じてみます。

❏　そして、いまこの空間にいる自分を感じてみます。いまいる空間の中での自分を感じてみます。大きさ、重さ、前後の感覚、空間の中の自分を感じてみます。

❏　お腹に手を添えましょう。お腹の感覚を感じてみます。普段通りの自然な呼吸をしてみます。

---

[4]［以下の研修および資料を参考にした］

・Center for Mindfulness in Medicine, Health, Care, and Society, UMass Medical School. Summer 2017 ONLINE Live Mindfulness-Based Stress Reduction (MBSR) program(Rebecca Eldridge(MBSR teacher)インストラクション参照)

❏ 呼吸の感覚を感じてみます。気もち、思考、身体の感覚を感じるかもしれません。そういう感じたことに気づき、受け容れます。

　・ 軽さは、重みは、濃縮感は、凝縮している感じは、呼吸がいきわたってないところはどこだろう、呼吸は自由に動けているだろうか、息を吸った時の息のはじめはどうだろう、息を吐くときの終わりはどうだろう、お腹、胸、息を吸って身体に入っていくはじめの感覚、息を吐いて身体から出ていくおわりの感覚、呼吸のあたたかさ、呼吸の冷たさ、呼吸全体、今ここでの呼吸の感覚を感じてみます。

❏ あれこれ考えていることに気づいたら、いつでも呼吸に戻ります。

　・ マインドワンダリングは、何も特別なことではなく、あってあたりまえです。そのことに気づいたら、呼吸にもどりましょう。

❏ 呼吸の感覚を感じましょう。軽さは、重みは、濃縮感は、凝縮している感じは、呼吸がいきわたってないところはどこだろう、呼吸は自由に動けているだろうか、息を吸った時の息のはじめはどうだろう、息を吐くときの終わりはどうだろう、お腹、胸、息を吸ってからだにはいっていくはじめの感覚、息を吐いてからだからでていくおわりの感覚、呼吸のあたたかさ、呼吸の冷たさ、呼吸全体、今ここでの呼吸の感覚を感じてみます。

❏ 呼吸とともに、身体の各部分での感覚に注意を向けていきます。それを感じ、受け容れ、解き放ち、次の箇所に注意を向けていきます。

❏ 左足先 ➜ 骨盤 ➜ 右足 ➜ 腰・腹部 ➜ 背中・胸・肩 ➜ 両手指先 ➜ 両腕・肩 ➜ 首・のど ➜ 顔のすべての部分 ➜ 後頭部 ➜ 頭てっぺん。

❏ もう一度、鼻での呼吸に意識を向け、ゆっくり息を吸ったり吐いたりします。その感覚を感じてみます。

❏ 息を吸ったり吐いたりして、瞬間瞬間の呼吸の感覚に注意を向けて、どんな感じがするのか感じてみます。

❏ ゆっくりと自分のペースで、この取り組みを閉じていきます。この取り組みを閉じる準備ができたかどうか、自分と相談します。

❏ 準備ができたら、目と瞼がふれているのを感じてから、ゆっくりと目を開けます。光が入ってくる感じを感じます。

❏ それから、両手を閉じたり開いたりします。よければ、軽くストレッチをします。

✧ 一緒に取り組んだ仲間と、体験した感想を共有します。

（大切な約束）＊仲間と体験を語り合うにあたっては、語るときには、自分に合った自己開示をします。聴くときには、相手の語りを否定したり批判したりしないで、やさしく思いやりといたわりの気もちをもって、中立的に傾聴します。

セッション4　　"サクセスフル・セルフ"

【人間関係：人間関係構築2─養育者との関係について考える─】

目的
　養育者との関係を見つめます。養育者からの無条件の被愛体験、自己の根源的な罪性への気づきとふっきれるような体験を通して、自己受容のきっかけ作りの機会とします。

　人との関わりの大切さを認識します。今後の人間関係のあり方を考えます。

内容
　養育者との関係における自分自身のあり方ついて、見つめます。

　それらを踏まえて、人間関係について考えます。

　今後の自分自身の人間関係での心がけや取り組んでみたいことについて考えます。

実施日　　　年　　月　　日　　学生番号_____　　氏名_____

人間関係とは-その1　養育者について

Ⅰ 養育者(母親　父親等) のどなたかひとりについて、あなたとその人との関係を見つめます。

1．あなたが幼かった頃を思い出してください。

① [　　　　　]との関係で、つらかったこと

② [　　　　　]に、してもらったこと

③ [　　　　　]に、して返したこと

④ [　　　　　]に、迷惑をかけたこと

2．最近のことを思い出してください。

① [　　　　　]との関係で、つらかったこと

② [　　　　　]に、してもらったこと

③ [　　　　　]に、して返したこと

④ [　　　　　]に、迷惑をかけたこと

人間関係とは　養育者について

II _{個人} あなたと養育者[　　　　　　　]との関係を見つめて、気づいたこと

グループで共有してください。　　　　　　　　　　グループ No.＿＿＿＿＿＿＿

III _{グループ} あなたと養育者[　　　　　]との関係を見つめた感想

****

人間関係とは

****

今後の人間関係で心がけたいこと

****

心理臨床に携わる人になるためのポイント

　人間関係に根ざした淋しさや孤独感は、関係性にまつわるわだかまりや葛藤に向き合い、取り違いを修正することで、癒されたり緩和されたりすることがあります。

　そこで、**自己洞察**が大切になります。ここでは、**内観療法**を基盤にしています。
　内観療法は、もともと浄土真宗のひとつである「身調べ」と呼ばれる修行から生まれており、これを吉本伊信（1971）が 1940 年頃に宗教人でなくても行えるようにした心理療法で、日本独自のものです。
　内観療法の要点は、対人関係における自分の在り方を幼少期から現在まで内省し、自己を発見しようとするところにあります。また、自己省察による「罪」と受けた「愛情」との葛藤状態を内在化することにあります（吉本, 1971）。

　ここでは、**葛藤をシートに書く（吐露する）**ことで、**葛藤を外在化**します。そして、外在化された葛藤について、**実施者や小グループや全体から共感をもって受容される体験**をします。
　この体験を通して、その人との葛藤を認知することにより生じる不安定さよりも、その人から受けた愛情を認知することによる安定が得られ、**基本的信頼感（根源的な水準での人格の土台）の再確認**がなされます。また、共感的な雰囲気の安定した場で、**自己の根源的な罪性への気づき**が得られ、**葛藤の解消（ふっきれるような体験）**が生じます。このような過程を通して、**自己理解**がすすみます（安藤・竹内・山本・福島・大原, 1995）。
　このようにして行う自己洞察では、現実検討力や自発性といった現実適応力の増加、自己概念の良好化、感情コントロールといった現実に根差した変化が得られます（安藤他, 1995）。

社会の中で自分らしく生きるためのポイント

　大学院生の時期は、これまで親（保護者）に依存した生き方から、職業・パートナー・（多くの場合）子どもへのコミットメント（関与）へと**移行する時期**です（Arnett, 2000; Tanner, 2006；Arnett & Tanner, 2006）。

　この移行期には、**様々な自分自身の可能性を信じて試行錯誤を繰り返し、その体験を通して学んだり、今後の自分自身の在り様や人との関係性を探求**したりすることが大切です。
　なぜなら、このような機会をうまくいかすことが、自己主体感、自己調整、衝動性のコントロール等の育成、これまでの関係性を統合し今後の関係性を築いていく力の育成に役立ちます。
　これらの力の育成は、その後の生きやすさや健康的な適応や発達につながります。

　人間関係における自分自身のあり方を考えてみてください。
　どのような人間関係が、自分にとっても、相手にとってもよいのか、考えてみてください。

セッションをふり返ってみてください。

実施日　　　年　　　月　　　日　学生番号　　　　　　　　　氏名　　　　　　　　　　　　

[設問 A]次の問について、そう思わない=0～そう思う=4 の中から、それぞれあてはまる番号に〇印をつけてください。

問	回答				
	そう思わない	ややそう思わない	どちらともいえない	ややそう思う	そう思う
1　養育者とあなたとの関係を見つめることができましたか。	0	1	2	3	4
2　養育者とあなたとの関係を見つめることで、気づきがありましたか。	0	1	2	3	4

[設問 B] セッション【人間関係：人間関係構築 2：－養育者との関係について考える－】に参加して、人間関係で、これから心がけてみようと思うこと、やってみようと思うことを述べてください。

気づいて、感じて、受け容れて、整えましょう！

"サクセスフル・セルフ"（Successful Self）のポイント

- ↪ 「自分らしく生きていく」ために、「自分と向き合い」「自分のよい面を伸ばし」「自分の課題を少しずつ修正」しながら、「自分を大切に」しましょう。
- ↪ 「ほどよい人間関係を築き続けていく」ために、「適切な自己主張」「共感」「ゆずりあい」をしましょう。
- ↪ 「困難なことに対処し解決する」ために、「落ち着いて」、「周囲の人達の立場に立って」みたり、「自分の気もち」をふり返ったりしてみましょう。「様々な方法を考えて最もよいと思うものから実行」してみましょう。「何が起こるか考えてから行動」しましょう。
- ↪ 「自分をコントロール」するために、自分のこころやからだの状態に関心を向けて、ストレスの原因に気づき、ストレスマネジメントをしましょう。

"セルフケア"のポイント

- ↪ 自分のからだやこころに注意を向けて、自分が感じるからだの感覚、気もちのありよう、思い、気づいたままに感じてみましょう。不快な感じがあるのなら、我慢し過ぎず、頑張り過ぎず、やさしく、思いやりの気もちを向けて、いたわりましょう。
- ↪ 疲れは"積もれば山"となりますので、適度に休養し心身の充電をしましょう。一日10分くらいは、自分のためのこころのゆとりの時間をもちましょう。

20　　　年　　　月　　　日　学生番号＿＿＿＿＿＿＿＿　氏名＿＿＿＿＿＿＿＿＿＿＿＿＿

月／日 （曜日）	よい体験				いやな体験					今の 考え
	出来事	からだの 感覚	わいてき た感情	わいてき た思考	出来事	からだの 感覚	わいてき た感情	わいてき た思考	対処 ケア	
例 10／6 （日）	通学中、虫の音を聞き樹々をみた。	心地よさ。	穏やかさ、すがすがしさ。	過ごしやすい季節になってきたな。	不備のある書類が届いた。	心臓がキドキ。	焦りと不安。	困ったな、やれやれ。	相手に尋ねた。	人はミスをする。
／ （　）										
／ （　）										
／ （　）										
／ （　）										
／ （　）										
／ （　）										
／ （　）										

この1週間の "気づいて，感じて，受け容れて，整えましょう！" についての感想

第8章

セッション5　　セルフケア

【マインドフルネス・トレーニング：マインドフルに動く[5]】

目的

　「歩く」という身体をつかう貴重な機会を手がかりにして、やさしく・おだやかに、こころやからだに注意をむけて、今ここでの、自分のこころやからだの感覚を体験します。

実践

- ❏　他の人をできるだけ気にしないでよいような、5〜10歩程度、歩いて行ったり来たりできる場所を見つけます。
- ❏　両足を 10〜15cm 離して、両手は横側に保ち、膝は曲げられるように緩め、腰を中心にしっかり立っていると感じられる姿勢に整えます。
- ❏　今ここでの、自分のこころ、からだに意識を向けます。
- ❏　足が地についているのを感じてみます。
- ❏　今、この瞬間にここにいる、自分自身に注意を向けます。
- ❏　足の感覚を感じてみます。どんな感じがしますか、やさしく感じてみます。

- ❏　準備が整ったら、一歩歩いてみます。左脚を地から離し、右脚が身体を支えるのを引き受け、左脚が前に進みかかとからつま先へと地に着きながら、右脚から身体を支えるのを引き受けます。
- ❏　それぞれの脚の動きや移動、筋肉の動きに、注意を向けてみます。どんな感じがしますか。やさしく感じてみます。

- ❏　注意がそれたら、立ち止まって、姿勢を整えます。それから、また歩いてみます。

- ✧　一緒に取り組んだ仲間と、体験した感想を共有します。

（大切な約束）＊仲間と体験を語り合うにあたっては、語るときには、自分に合った自己開示をします。聴くときには、相手の語りを否定したり批判したりしないで、やさしく思いやりといたわりの気もちをもって、中立的に傾聴します。

5　［以下の研修および資料を参考にした］

　・Oxford Mindfulness Centre. (2016/8/22-26) Oxford Mindfulness Summer School 2016.

　・Center for Mindful Self-Compassion (http://centerformsc.org/)<Neff, K., & Germer, C. (December 2016).

　・Mindful Self-Compassion. Center for Mindful Self-Compassion. (March 12-17, 2017. Sedona Mago Retreat, Sedona, Arizona, USA).

　・Oxford Mindfulness Centre・日本マインドフルネス学会　協働による MBCT ワークショップ（モジュール1〜4）. 2017〜2018

セッション5　　　"サクセスフル・セルフ"

【人間関係：人間関係構築 3—友人との関係について考える—】

目的
友人との関係を見つめます。それらに基づく、自己受容のきっかけ作りの機会になります。
人との関わりの大切さを認識します。今後の人間関係のあり方を考えます。

内容
友人との関係における自分自身のあり方について、見つめます。
それらを踏まえて、人間関係について考えます。
今後の自分自身の人間関係での心がけや取り組んでみたいことについて考えます。

実施日　　　年　　月　　日

人間関係について考えよう

I. 最初の親しい人について、できるだけ詳しく思い出して書いてみよう。

いつ・どのようにして親しくなりましたか？　どのようなところが好き？

II. 現在（最近）の親しい人について、できるだけ詳しく書いてみよう。

いつ・どのようにして親しくなりましたか？　どのようなところが好き？

人間関係とは-友人について　その1

III. 友人、<u>どなたかひとり</u>について、あなたとその人〔　　　　　　〕との関係を見つめます。

① いつ、どのようにして、関係が築かれましたか。

② 〔　　　　　　〕との関係で、よかったこと

③ 〔　　　　　　〕との関係で、つらかったこと

④ 〔　　　　　　〕に、してもらったこと

⑤ 〔　　　　　　〕に、して返したこと

⑥ 〔　　　　　　〕に、迷惑をかけたこと

人間関係とは-友人について　その2

IV 個人　あなたと友人〔　　　　　　　　　〕との関係を見つめて、気付いたこと

グループで共有してください。　　　　　　　　　　　　　　グループ No.＿＿＿＿＿＿＿＿＿

V グループ　あなたと友人〔　　　　　　　〕との関係を見つめた感想

****

友人関係とは

****

今後の友人関係で心がけたいこと

****

社会の中で自分らしく生きるためのポイント

○　人間関係におけるわだかまりや葛藤に向き合い、取り違いを修正し、
　　淋しさや孤独感を癒しましょう。

○　これまでの人間関係をふり返ってみましょう。

　　親しい人（○○さん）との関係で…

　　　　☆よかったこと　　　☆つらかったこと

　　親しい人（○○さん）に…

　　　　☆してもらったこと　　☆してかえしたこと　　☆迷惑をかけたこと

○　人間関係における自分自身のあり方を考えてみましょう。

○　どのような人間関係が、自分にとっても、相手にとってもよいのか、
　　考えてみましょう。

コミュニケーション力を磨く

　ほどよいコミュニケーションをとるために、**自分自身の状態を知り**、**非言語的コミュニケーションを磨く**ことが大切です（Simons-Morton, Haynie, Saylor, Crump, & Chen, 2005ab）。

表情・視線等

　表情はあなたの気もちを表します。あなたの考えと思いを表情に出してみます。

　気配りのある行動を心がけます。

　話し手の方へ顔と身体を向けて、相手に関心を示していることを態度で伝えます。

　頷いたり、「うん、そうだね」等相槌を打ったり、ジェスチャーを使ったりして、相手の話をきいていることを伝えます。

挨拶

　会話は、「おはよう」「こんにちは」等、挨拶から始めます。

　相手の名前を知っているのなら、名前を呼びます。名前を知らなかったら、なんて呼んだらいいのか、尋ねてみます。

話を中断しなければならないとき

　どうしても話を中断しなければならない時があります。表情や「ちょっとすみません」といった言葉で、中断するのを申し訳ないという思いを示します。

終わり方

　あなたが言ったことやきいたことをまとめて、会話を終わりにします。

セッションをふり返ってみてください。

実施日 　　年　　月　　日　学生番号 _____　氏名 _____

[設問 A]次の問について、そう思わない=0～そう思う=4 の中から、それぞれあてはまる番号に〇印をつけてください。

	問	回答				
		そう思わない	ややそう思わない	どちらともいえない	ややそう思う	そう思う
1	過去の親しい人について、ふり返ることができましたか。	0	1	2	3	4
2	現在の親しい人について、ふり返ることができましたか。	0	1	2	3	4
3	「ほどよい人間関係」をイメージすることができましたか。	0	1	2	3	4
4	友人とあなたとの関係を見つめることができましたか。	0	1	2	3	4
5	友人とあなたとの関係を見つめることで、気づきがありましたか。	0	1	2	3	4

[設問 B] セッション【人間関係：人間関係構築3：－友人との関係について考える－】に参加して、友人関係で、これから心がけてみようと思うこと、やってみようと思うことを述べてください。

気づいて、感じて、受け容れて、整えましょう！

"サクセスフル・セルフ"（Successful Self）のポイント

- ⮎ 「自分らしく生きていく」ために、「自分と向き合い」「自分のよい面を伸ばし」「自分の課題を少しずつ修正」しながら、「自分を大切に」しましょう。
- ⮎ 「ほどよい人間関係を築き続けていく」ために、「適切な自己主張」「共感」「ゆずりあい」をしましょう。
- ⮎ 「困難なことに対処し解決する」ために、「落ち着いて」、「周囲の人達の立場に立って」みたり、「自分の気もち」をふり返ったりしてみましょう。「様々な方法を考えて最もよいと思うものから実行」してみましょう。「何が起こるか考えてから行動」しましょう。
- ⮎ 「自分をコントロール」するために、自分のこころやからだの状態に関心を向けて、ストレスの原因に気づき、ストレスマネジメントをしましょう。

"セルフケア"のポイント

- ⮎ 自分のからだやこころに注意を向けて、自分が感じるからだの感覚、気もちのありよう、思い、気づいたままに感じてみましょう。不快な感じがあるのなら、我慢し過ぎず、頑張り過ぎず、やさしく、思いやりの気もちを向けて、いたわりましょう。
- ⮎ 疲れは"積もれば山"となりますので、適度に休養し心身の充電をしましょう。一日10分くらいは、自分のためのこころのゆとりの時間をもちましょう。

20　　年　　　月　　　日　学生番号＿＿＿＿＿＿＿　氏名＿＿＿＿＿＿＿＿＿＿＿＿＿＿

月／日 （曜日）	よい体験				いやな体験					今の 考え
	出来事	からだの 感覚	わいてき た感情	わいてき た思考	出来事	からだの 感覚	わいてき た感情	わいてき た思考	対処 ケア	
例 10／6 （日）	通学中、虫の音を聞き樹々をみた。	心地よさ。	穏やかさ、すがすがしさ。	過ごしやすい季節になってきたな。	不備のある書類が届いた。	心臓がドキドキ。	焦りと不安。	困ったな、やれやれ。	相手に尋ねた。	人はミスをする。
／ （　）										
／ （　）										
／ （　）										
／ （　）										
／ （　）										
／ （　）										
／ （　）										

この1週間の "気づいて，感じて，受け容れて，整えましょう！" についての感想

第9章

セッション6　　セルフケア

【マインドフルネス・トレーニング：こころから必要としている大切なこ
との探索[6]】

目的

　　自分がこころから必要としている大切なこと（価値観）の探索をします。

　　自分に心からの思いやりをかけて、やさしくいわたりの気もちをもって接し、自分を大切にするた
めに、自分にとって意味のある、自分にかけることばを見つけます。

実践

❏　首や肩の力をぬいて、自分にあった姿勢に整えます。（よければ）そっと目を閉じて、自分にとって安心できる楽
　　に感じるからだの箇所に手をふれます。

❏　ゆっくりしずかに呼吸をします。

❏　"こころ"をひらいて(Open heart! Open mind!)、自分の気もちに寄り添います。

❏　"人"にとって、(普遍的に)必要なことを、1～2つくらい思い浮かべてみます。
　　　(例)人とのつながり、自分へのやさしさ、平和、自由

❏　自分に問いかけてみます。
　　◦　　「私がこころから必要としていることは何だろう」　「私が、本当に必要としていることは何だろう。」

❏　思い浮かべたら、目を開けて、メモします。

✧　一緒に取り組んだ仲間と、体験した感想を共有します。

（大切な約束）＊仲間と体験を語り合うにあたっては、語るときには、自分に合った自己開示をします。聴
くときには、相手の語りを否定したり批判したりしないで、やさしく思いやりといたわりの気もちをもって、
中立的に傾聴します。

6　［以下の研修および資料を参考にした］

　・Center for Mindful Self-Compassion (http://centerformsc.org/)<Neff, K., & Germer, C. (December 2016).

　・Mindful Self-Compassion. Center for Mindful Self-Compassion. (March 12-17, 2017. Sedona Mago Retreat, Sedona, Arizona, USA).

セッション6　　　"サクセスフル・セルフ"

【対処と解決：困難な状況への対処と解決＜セルフチェック＞】

目的

　適切なコミュニケーションスキル（適切な自己主張・共感・ゆずりあい）について学びます。

　人間関係にまつわる困難な状況における、自分自身の対処の在り方を理解します。

　困難な状況への対処と解決の第一歩として、困難な状況における周囲の人の気もちを考えたり、自分の気もちを見つめたりします。

　ほどよい対人関係を築くには、自分・周囲の人の気もちを考え・大切にすることが重要であることを学びます。

内容

　困難への対処と解決スキルセルフチェックシートを行い、適切な自己主張・共感・ゆずりあいの程度を自己評価します。

SS6（困難な状況への対処と解決セルフチェック）困難への対処・解決スキル　セルフチェックシート

実施日　　　年　　月　　日　　学生番号＿＿＿＿＿＿＿＿＿＿　　氏名＿＿＿＿＿＿＿＿＿＿＿＿＿＿

困難に対処し解決するには，**適切な自己主張，共感，ゆずりあい**が重要です。あなたが，どの程度対処・解決スキルをもっているかをチェックしてみましょう。

この質問は，人間関係における様々な状況での行動を示しています。 あなたにとってどの程度あてはまるか，お答えください。 回答は，ほとんどない=1，ときどき=2，いつも=3の中から選んで， 最も近いと思われる番号に〇印をつけてください。	ほとんどない	ときどき	いつも
1　相手に文句を言ったりするよりも，落ち着いて自分の気持ちを伝える。	1	2	3
2　相手の意見を聞くことを大事にしている。	1	2	3
3　もめごとを解決したいと思うときには，お互いに譲り合う。	1	2	3
4　人の輪にうまく入る。	1	2	3
5　自分の考えと違っても，相手の言いたいことを理解しようとする。	1	2	3
6　もめごとが起こったとき，私のほうから少し歩みよる。	1	2	3
7　納得できないときには，表情・しぐさで，それを表現する。	1	2	3
8　意見の対立を解決するために，相手の立場に立って考える。	1	2	3
9　もめごとが起こったとき，お互いが納得する解決法を考える。	1	2	3
10　相手がキレても，自分はキレないように気持ちをコントロールする。	1	2	3
11　もめごとを解決するとき，まず相手の言い分を聞く。	1	2	3
12　相手の意見を聞いてから，自分と相手が納得できる方法を見つける。	1	2	3
13　自分の言いたいことを伝えるために，わかりやすい言葉を使う。	1	2	3
14　人の意見はいろいろなので，必ず片方が正しいとは限らないと考える。	1	2	3
15　自分の希望どおりでなくても，相手と一緒に考えて解決法を見つける。	1	2	3
16　頭にきたときでも自分の気持ちに気づき，落ち着いてもめごとを解決する。	1	2	3
17　違う意見を持っている人をバカにしない。	1	2	3
18　もめごとは，お互いが満足する方法で解決する。	1	2	3
19　自分を見失いそうになったら，大きく息をすって落ち着こうとする。	1	2	3
20　相手を責めないで，自分の意見を話してみる。	1	2	3
21　納得できない時，自分の意見を話し相手と自分がよいと思う解決法を考える。	1	2	3
22　相手の意見が好きでも嫌いでも，それを理解するために話をまとめる。	1	2	3
23　相手の意見に納得できなくても，相手が意見を説明するチャンスを与える。	1	2	3
24　もめごとを解決するために，相手の意見を取り入れる。	1	2	3
25　相手がすごく怒っているとき，他の人に助けを求める。	1	2	3
26　相手の意見に賛成できなくても，その人の意見を聞く。	1	2	3
27　相手が少し譲るなら，私も譲ろうと思う。	1	2	3
28　人と話をしている時は，相手のほうを見る。	1	2	3
29　相手がどのように感じているか，考えるようにしている。	1	2	3
30　両方が納得する解決法を見つける。	1	2	3

困難への対処・解決スキル〜採点〜

困難への対処・解決スキル

I. **適切な自己主張**…キレないで落ち着いて，自分の意見を言ったり，相手を納得させること。

II. **共感**…相手の意見や気持ちを理解し，それを大切にすること。

III. **ゆずりあい**…意見の違う両者が，少しずつお互いの意見を受け入れること。

"困難への対処・解決スキル"を採点してみよう。

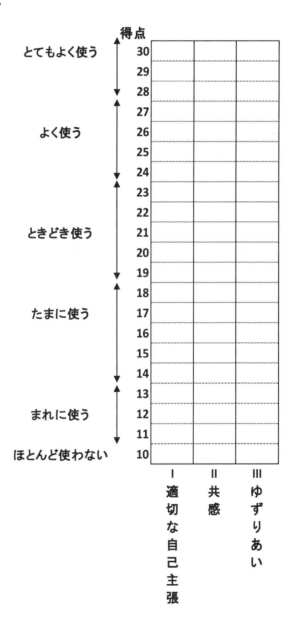

採点方法

	I	II	III
質問番号	1	2	3
	4	5	6
	7	8	9
	10	11	12
	13	14	15
	16	17	18
	19	20	21
	22	23	24
	25	26	27
	28	29	30
	合計	合計	合計

得点

とてもよく使う　30 / 29 / 28
よく使う　27 / 26 / 25 / 24
ときどき使う　23 / 22 / 21 / 20 / 19
たまに使う　18 / 17 / 16 / 15 / 14
まれに使う　13 / 12 / 11
ほとんど使わない　10

I 適切な自己主張　II 共感　III ゆずりあい

SS6（困難な状況への対処と解決セルフチェック）困難への対処・解決スキル　採点方法

〔採点方法〕

この質問は，人間関係における様々な状況での行動を示しています。あなたにとってどの程度あてはまるか，お答えください。 回答は，ほとんどない=1，ときどき=2，いつも =3の中から選んで，最も近いと思われる番号に〇印をつけてください。	ほとんどない	ときどき	いつも
1　相手に文句を言ったりするよりも，落ち着いて自分の気持ちを伝える。	①	2	3
2　相手の意見を聞くことを大事にしている。	1	②	3
3　もめごとを解決したいと思うときには，お互いに譲り合う。	1	2	③
4　人の輪にうまく入る。	1	②	3
5　自分の考えと違っても，相手の言いたいことを理解しようとする。	1	②	3
⋮	⋮	⋮	⋮
26　相手の意見に賛成できなくても，その人の意見を聞く。	1	②	3
27　相手が少し譲るなら，私も譲ろうと思う。	1	②	3
28　人と話をしている時は，相手のほうを見る。	1	2	③
29　相手がどのように感じているか，考えるようにしている。	1	2	③
30　両方が納得する解決法を見つける。	1	②	3

質問番号	I		II		III	
	1	1	2	2	3	3
	4	2	5	2	6	
	7		8		9	
	10		11		12	
	13		14		15	
	16		17		18	
	19		20		21	
	22		23		24	
	25	1	26	2	27	2
	28	3	29	3	30	2
	合計	20	合計	23	合計	21

得点

とてもよく使う　30 29 28
よく使う　27 26 25 24
ときどき使う　23 22 21 20 19
たまに使う　18 17 16 15 14
まれに使う　13 12 11
ほとんど使わない　10

I 適切な自己主張
II 共感
III ゆずりあい

〔グラフの見方〕

〇各得点は 19 点以上が，望ましいです。これからも続けましょう。

〇18 点以下は，"サクセスフル・セルフ"に近づくために伸ばしていきましょう。

〇各得点間で 5 点以上の差がある場合，高い得点のスキルを頑張り過ぎていたり，無理したりしているかもしれません。自分らしい行動を心がけましょう。

72

実施日　　年　月　日　学生番号＿＿＿＿＿＿＿　　氏名＿＿＿＿＿＿＿＿＿＿＿＿＿＿＿

「自分」を見つめる

I　これまでの**人生**で、どのような**うれしかったこと**がありましたか？

IIa　これまでの**人生**で、どのような**悲しかったこと、苦しかったこと**がありましたか？

IIb　どのように**乗り越え**ましたか？　どのような**付き合い**をしますか？

～～～

SS6（困難な状況への対処と解決セルフチェック）（自分を見つめるグループシート）

グループで共有してください。　　　　　　　　　　グループ No.＿＿＿＿＿＿＿＿

「自分」を見つめる

I　IIa　**うれしかったこと、悲しかったこと、苦しかったこと**をふり返ってみた感想・気づき

IIb　**悲しかったこと、苦しかったこと**の**乗り越え**についてふり返ってみた感想・気づき

先輩院生から学ぼう

日常にあるうれしいと感じた体験、悲しいと感じたり・つらいと感じたりした体験、

悲しい・つらい体験を乗り越える手立て

誰でも、人間関係に悩むことはあります！
たとえば…
◆　悩みごとを友人に相談していたが、その友人が他の人にその内容を話してしまったのを知ったとき。
◆　約束したことを守らない人との関係。
◆　こじれた仲間関係の仲裁。
◆　あまり親しくない人たちと、共に活動するとき。

うれしい体験	・希望がかなった…希望校への進学、旅行 ・他者に認められた…受賞、代表、頑張っていること ・友人の存在
悲しい・つらい体験	・希望がかなわなかった…受験、試験、恋愛 ・大切な人や動物の死…家族、愛犬 ・他者に自分の気もちや思いが伝わらない
悲しい・つらい体験を 乗り越える手立て	・親、頼れる先生、友人に相談してみる ・同じかなしみを抱える人と思い出を語り合う ・時間が解決してくれる…時に涙したり、写真を見たりして、ゆっくり過ごす

ふり返ってみると、案外小さなうれしいことや悲しいこと・つらいことが、日ごろの生活のなかにあります。…気づいてみます。

乗り越える手立ては、人によって様々あります。…自分にあったことを活用してみてもいいかもしれません。

セッションをふり返ってみてください。

実施日　　　年　　　月　　　日　　学生番号　　　　　　　　　　　　氏名　　　　　　　　　　　　　

[設問 A] 次の内容について、そう思わない=0、ややそう思わない=1、どちらともいえない=2、ややそう思う=3、そう思う=4 の中から選んで、それぞれあてはまる番号に〇印をつけてください。

質問	回答				
	そう思わない	ややそう思わない	どちらともいえない	ややそう思う	そう思う
1　困難な状況への対処と解決スキル（適切な自己主張・共感・ゆずりあい）を理解しましたか。	0	1	2	3	4
2　困難な状況への対処と解決スキルの自分の特徴を理解できましたか。	0	1	2	3	4
3　個別で行った活動について、グループ・ペアで共有することができましたか。	0	1	2	3	4

[設問 B] 困難に対処し解決するための重要なスキルについて、セルフチェックの結果を示してください。
結果を参考に、あなたの困難な状況を解決するための対処パターンについて、自己分析してみてください。

適切な自己主張（　　　　　　）点　　　共感（　　　　　　）点　　　ゆずりあい（　　　　　　）点

あなたの困難な状況を解決するための対処パターン

[設問 C] セッション【対処と解決：困難な状況への対処と解決：セルフチェック】に参加して、人間関係の困難な出来事に遭遇した時、心がけてみようと思うこと、やってみようと思うことを述べてください。

気づいて、感じて、受け容れて、整えましょう！

"サクセスフル・セルフ"（Successful Self）のポイント

- 「自分らしく生きていく」ために、「自分と向き合い」「自分のよい面を伸ばし」「自分の課題を少しずつ修正」しながら、「自分を大切に」しましょう。
- 「ほどよい人間関係を築き続けていく」ために、「適切な自己主張」「共感」「ゆずりあい」をしましょう。
- 「困難なことに対処し解決する」ために、「落ち着いて」、「周囲の人達の立場に立って」みたり、「自分の気もち」をふり返ったりしてみましょう。「様々な方法を考えて最もよいと思うものから実行」してみましょう。「何が起こるか考えてから行動」しましょう。
- 「自分をコントロール」するために、自分のこころやからだの状態に関心を向けて、ストレスの原因に気づき、ストレスマネジメントをしましょう。

"セルフケア"のポイント

- 自分のからだやこころに注意を向けて、自分が感じるからだの感覚、気もちのありよう、思い、気づいたままに感じてみましょう。不快な感じがあるのなら、我慢し過ぎず、頑張り過ぎず、やさしく、思いやりの気もちを向けて、いたわりましょう。
- 疲れは"積もれば山"となりますので、適度に休養し心身の充電をしましょう。一日10分くらいは、自分のためのこころのゆとりの時間をもちましょう。

20　　　年　　　月　　　日　学生番号＿＿＿＿＿＿＿＿　氏名＿＿＿＿＿＿＿＿＿＿＿＿＿＿

月／日 (曜日)	よい体験				いやな体験					今の考え
	出来事	からだの感覚	わいてきた感情	わいてきた思考	出来事	からだの感覚	わいてきた感情	わいてきた思考	対処ケア	
例 10／6 （日）	通学中、虫の音を聞き樹々をみた。	心地よさ。	穏やかさ、すがすがしさ。	過ごしやすい季節になってきたな。	不備のある書類が届いた。	心臓がキドキ。	焦りと不安。	困ったな、やれやれ。	相手に尋ねた。	人はミスをする。
／ （　）										
／ （　）										
／ （　）										
／ （　）										
／ （　）										
／ （　）										
／ （　）										

> **この１週間の"気づいて，感じて，受け容れて，整えましょう！"についての感想**

第10章

セッション7　　セルフケア

【マインドフルネス・トレーニング：マインドフルに散歩する[7]】

目的

自分で自分をコントロールできる実感を掴んでみます。

実践

❏　今ここでの、自分のこころ、からだに意識を向けます。

❏　足が地についているのを感じてみます。

❏　今、この瞬間にここにいる、自分自身に注意を向けます。

❏　足の感覚を感じてみます。どんな感じがしますか、やさしく感じてみます。

❏　あれこれ思いが浮かんでいたり、注意が向けづらくなっていたりする場合は、いいとか悪いとか判断せず、そっとそのままにしておきます。

❏　自分自身に注意を向けて、一歩一歩　歩いてみます。

❏　足の感覚や歩く感覚を感じてみます。どんな感じがしますか、やさしく感じてみます。

❏　痛みや不快な気分を感じたら、優しく、思いやりの気もちを向けて、親しみをもって、自分自身をいたわります。

❏　周囲に意識を向けてみます。周囲と自分の関わりも感じてみます。

❏　マインドフル　ウォーキングは、どこでもできます。次の場所に行く間やってみます。

❏　気もちが落ち着かない心ここにあらずのマインドフルレス状態、あれこれ考えすぎてしまっているマインドワンダリングの状態の時には、(呼吸よりも)動きに注意を向けることが効果的です。

●　外での動きは、自分自身を守るには、周囲の人や物にぶつからないようにしたりするような注意を払います。(あれこれ考えることができづらい状況になります)

✧　一緒に取り組んだ仲間と、体験した感想を共有します。

(大切な約束) ＊仲間と体験を語り合うにあたっては、語るときには、自分に合った自己開示をします。聴くときには、相手の語りを否定したり批判したりしないで、やさしく思いやりといたわりの気もちをもって、中立的に傾聴します。

---

7 [以下の研修および資料を参考にした]

・Oxford Mindfulness Centre. (2016/8/22-26) Oxford Mindfulness Summer School 2016.

・Center for Mindful Self-Compassion (http://centerformsc.org/)<Neff, K., & Germer, C. (December 2016).

・Mindful Self-Compassion. Center for Mindful Self-Compassion. (March 12-17, 2017. Sedona Mago Retreat, Sedona, Arizona, USA).

・Center for Mindfulness in Medicine, Health, Care, and Society, UMass Medical School. Summer 2017 ONLINE Live Mindfulness-Based Stress Reduction (MBSR) program

・Oxford Mindfulness Centre・日本マインドフルネス学会　協働によるMBCTワークショップ(モジュール1〜4). 2017〜2018

セッション7　　　"サクセスフル・セルフ"

【対処と解決：困難な状況への対処と解決＜日常編＞】

目的

　適切なコミュニケーションスキル（適切な自己主張・共感・ゆずりあい）について学びます。

　人間関係にまつわる困難な状況における、自分自身の対処の在り方を理解します。

　困難な状況への対処と解決の第一歩として、困難な状況における周囲の人の気もちを考えたり、自分の気もちを見つめたりします。

　ほどよい対人関係を築くには、自分・周囲の人の気もちを考え・大切にすることが重要であることを学びます。

内容

　自分が体験した困難な人間関係をふり返り、困難な状況における周囲の人の気もちを考えたり、自分の気もちを見つめたりします。そして、対処について、考えてみます。

実施日　　　年　　月　　日　学生番号 _____　氏名 _____

「人間関係の悩みと対処」について見つめる

　日常生活では、様々なもめごとが起こっていて、時に私たちを悩ませます。これは、何も特別なことではなく、誰もが経験していることで、その多くは、人間関係によって引き起こされています。もめごとに対処することは、成長の機会になります。

Ⅰ．あなたが悩んだ人間関係について、あなたを含めて **3 人以上の人物**をあげて、あなたを主人公にして、記述してみてください。

Ⅱ. あなたのとった行動について、上記の人たちは、どのように感じたり思ったりしていたと思いますか。
あなた自身は、どのように感じたり思ったりしていましたか。

登場人物A　（　　　　　　　）：

登場人物B　（　　　　　　　）：

あなた自身：

Ⅲ. あなたが悩んだ人間関係（Ⅰ）では、あなたと相手との間で、どのようなことが起きていたと思いますか。

Ⅳ. あなたが悩んだ人間関係(Ⅰ)において、あなたはどのように対処しましたか。
それによってどのように対処できたと感じていますか。どのような点が難しかったと感じていますか。

　◇ **対処**

　◇ **対処できた点**

　◇ **対処が難しかった点**

グループ・ペア名＿＿＿＿＿＿＿＿＿＿＿

Ⅴ　個人で取り組んだ人間関係の悩みと対処について、グループ・ペアで共有してください。

⇩

Ⅵ　**グループ・ペアで対処**してみましょう。

人間関係に関する困難な状況について、あなたを含めて　3　人以上の登場人物を想定し、あなたを主人公にしたシナリオを作成してください。

題名： 内容：

〜〜〜〜〜〜〜〜〜〜メモ〜〜〜〜〜〜〜〜〜〜

グループ・ペア名＿＿＿＿＿＿＿＿＿＿＿

実施日　　　年　　月　　日　　学生番号＿＿＿＿＿＿＿　氏名＿＿＿＿＿＿＿＿＿＿＿

～～～～～～～～～～～シナリオ（Ⅵ）を他のグループ・ペアと交換します～～～～～～～～～～～

シナリオを作成したグループ・ペア名＿＿＿＿＿＿＿＿＿＿＿
シナリオの題名＿＿＿＿＿＿＿＿＿＿＿＿＿＿＿＿＿＿＿＿＿＿＿＿＿＿＿＿
これから一緒に取り組むグループ・ペアの人
名前＿＿＿＿＿＿＿＿＿＿　名前＿＿＿＿＿＿＿＿＿＿　名前＿＿＿＿＿＿＿＿＿＿

Ⅶ.あなたのとった行動について、上記の人たちやあなた自身は、どのように感じたり思ったりすると思いますか。

登場人物Ａ（　　　　　　　）：

登場人物Ｂ（　　　　　　　）：

あなた自身：

Ⅷ. 困難な人間関係の状況（Ⅳ）では、あなたと相手との間で、どのようなことが起きていると思いますか。

Ⅸ. 困難な人間関係の状況（Ⅳ）において、どのようにしたら対処につながると思いますか。

～～

Ⅹ. 感想

社会の中で自分らしく生きるために

困難に対処し解決するためのポイント

○ **対処と解決**とは、「もつれたことがらを、自分の気もちも大切にし、周りのことも考えながら、バランスよく処理すること」です。

○ **対処・解決するための３つのスキル**を活用しましょう。
  ◇ **適切な自己主張**
    キレないで落ち着いて、自分の意見を言ったり、相手を納得させたりすること。
  ◇ **共感**
    相手の意見や気もちを理解し、それを大切にすること。
  ◇ **ゆずりあい**
    意見の違う両者が、少しずつお互いの意見を受け入れること。

○ **自分自身の対処・解決パターン**を理解しましょう。
  ◇ 人間関係における困難な状況に出会ったら、状況に応じて、バランスよく３つのスキルを活用しましょう。
  ◇ よく使っているスキルは、続けましょう。
  ◇ あまり使っていないスキルも、スモール・ステップで活用してみましょう。

○ **困難な状況に対処**しましょう。
  ◇ 困っている自分や他者の気もちを考えてみましょう。
  ◇ 自分を信じて、対処行動をしてみましょう。
  ◇ 家族や尊敬・信頼できる人に相談してみましょう。

セッションをふり返ってみてください。

実施日　　　年　　月　　日　学生番号　　　　　　　　　　　氏名　　　　　　　　　　　　　　

[設問 A]　次の内容について、そう思わない=0、ややそう思わない=1、どちらともいえない=2、ややそう思う=3、そう思う=4 の中から選んで、それぞれあてはまる番号に〇印をつけてください。

質問	回答				
	そう思わない	ややそう思わない	どちらともいえない	ややそう思う	そう思う
1　困難な状況への対処と解決スキル（適切な自己主張・共感・ゆずりあい）を理解しましたか。	0	1	2	3	4
2　あなたが悩んだ人間関係について、自分の気もちや周囲の人の気もち、対処について考えることができましたか。	0	1	2	3	4
3　個別で行った活動について、グループ・ペアで共有することができましたか。	0	1	2	3	4
4　グループ・ペアで、人間関係に関する困難な状況を考え、登場人物の気もちや状況の対処について考えることができましたか。	0	1	2	3	4

[設問 B]　セッション【対処と解決：困難への対処と解決：日常編】に参加して、人間関係の困難な出来事に遭遇した時、心がけてみようと思うこと、やってみようと思うことを述べてください。

気づいて、感じて、受け容れて、整えましょう！

"サクセスフル・セルフ"（Successful Self）のポイント

- 「自分らしく生きていく」ために、「自分と向き合い」「自分のよい面を伸ばし」「自分の課題を少しずつ修正」しながら、「自分を大切に」しましょう。
- 「ほどよい人間関係を築き続けていく」ために、「適切な自己主張」「共感」「ゆずりあい」をしましょう。
- 「困難なことに対処し解決する」ために、「落ち着いて」、「周囲の人達の立場に立って」みたり、「自分の気もち」をふり返ったりしてみましょう。「様々な方法を考えて最もよいと思うものから実行」してみましょう。「何が起こるか考えてから行動」しましょう。
- 「自分をコントロール」するために、自分のこころやからだの状態に関心を向けて、ストレスの原因に気づき、ストレスマネジメントをしましょう。

"セルフケア"のポイント

- 自分のからだやこころに注意を向けて、自分が感じるからだの感覚、気もちのありよう、思い、気づいたままに感じてみましょう。不快な感じがあるのなら、我慢し過ぎず、頑張り過ぎず、やさしく、思いやりの気もちを向けて、いたわりましょう。
- 疲れは"積もれば山"となりますので、適度に休養し心身の充電をしましょう。一日10分くらいは、自分のためのこころのゆとりの時間をもちましょう。

20　　年　　月　　日　学生番号＿＿＿＿＿＿＿＿　氏名＿＿＿＿＿＿＿＿＿＿＿＿＿

月／日 (曜日)	よい体験				いやな体験					今の考え
	出来事	からだの感覚	わいてきた感情	わいてきた思考	出来事	からだの感覚	わいてきた感情	わいてきた思考	対処ケア	
例 10／6 （日）	通学中、虫の音を聞き樹々をみた。	心地よさ。	穏やかさ、すがすがしさ。	過ごしやすい季節になってきたな。	不備のある書類が届いた。	心臓がキドキ。	焦りと不安。	困ったな、やれやれ。	相手に尋ねた。	人はミスをする。
／ （　）										
／ （　）										
／ （　）										
／ （　）										
／ （　）										
／ （　）										
／ （　）										

この1週間の"気づいて、感じて、受け容れて、整えましょう！"についての感想

第11章

セッション8　　セルフケア

【マインドフルネス・トレーニング：自分を大切にするための自分へのことばかけ[8]】

目的

　誰でもが、つらさやいたみや苦しみを抱えています。そういう苦悩に、あるがままでいられるよう、自分に心からの思いやりをかけて、いたわりと慈しみをもって接し、自分を大切にしていきます。

　いま、ここでの体験をとおして、（自分の）気もち（感情）、見方やとらえ方（認知）、身体の感覚（身体感）、他者との関係性、大切にしていること（価値）、態度や行動に、気づいてみます。そして、やさしく受け容れます。

　自分を大切にする思いやりのことばかけを探索します。

実践

❏　首や肩の力をぬいて、自分にあった姿勢に整えます。自分にとって安心できる楽に感じるからだの箇所に手をふれます。

❏　ゆっくりしずかに呼吸をします。

❏　あなたにとって、毎日ききたいような、感謝の気もちがわいてくるような、気もちが満たされるようなことばは、どんなことばかけでしょうか。

❏　自分に語りかけます。

　　◦　自分がこころから必要としている大切なこと（価値観）はなんだろう。

　　◦　自分を大切にするために、「私は、他の人（自分が大切におもっている人）から、どんなことばかけを願っているだろう。」

❏　自分への贈り物になるような自分がしっくりくることばを見つけます。

　　(例)お疲れ様。無理しないでね。素敵だね。大丈夫だよ。ありがとう。よくやっているね。応援しているよ。

❏　自分にあった楽な姿勢に整えます。自分にとって安心できる楽に感じるからだの箇所に手をふれます。

❏　（よければ）そっと目を閉じて、自分にとって安心できるところやらくに感じるところに手をふれて、ゆっくりしずかに呼吸をします。

❏　やさしく、自分を大切にするための自分へのことばかけをします。

(自分への思いやり・いたわりのためのメモから)

8　［以下の研修および資料を参考にした］

・Center for Mindful Self-Compassion (http://centerformsc.org/)<Neff, K., & Germer, C. (December 2016).

・Mindful Self-Compassion. Center for Mindful Self-Compassion. (March 12-17, 2017. Sedona Mago Retreat, Sedona, Arizona, USA).

・時には休むことも必要だよ。　・ゆっくりペースでいこう。　・気楽にね。・ストレス発散が大切だよ。　・きれいだよ。

・一人で抱え込まないで。・笑ってみよう。　・あまり一人で頭の中で考えないで。　・誰かに相談することも必要だよ。

・気を張り詰めて頑張りすぎないで。・無理しないでね。・思いつめずにいこうよ。　・おしゃべりっていいよね。

❏　ゆっくりと自分のペースで、この取り組みを閉じていきます。この取り組みを閉じる準備ができたかどうか、自分と
　　相談します。

❏　準備ができたら、目と瞼がふれているのを感じてから、ゆっくりと目を開けます。光が入ってくる感じを感じます。ゆ
　　っくりと目を開けます。

❏　それから、両手を閉じたり開いたりします。よければ、軽くストレッチをします。

✧　一緒に取り組んだ仲間と、体験した感想を共有します。

（大切な約束）＊仲間と体験を語り合うにあたっては、語るときには、自分に合った自己開示をします。聴
くときには、相手の語りを否定したり批判したりしないで、やさしく思いやりといたわりの気もちをもって、
中立的に傾聴します。

セッション8　　"サクセスフル・セルフ"

【人間関係：人間関係を磨く—「私は」ではじめるコミュニケーション—】

目的

　他者とコミュニケーションをとることは、社会生活を送る上で必要不可欠です。しかし、コミュニケーション自体にストレスを感じることは少なくありません。特に、自分の気もちを心の中に留め過ぎることは、心の負担を増やします。

　そこで、二人称・三人称を使わない「私は」ではじめる表現によって自分の気もちを伝えるコミュニケーションをとることで、相手に不快な気もちを与えず、自分の気もちも抑え過ぎず、自分の気もちを相手に伝え、ほどよい人間関係を維持できるよう、学習していきます。

内容

　コミュニケーションカードを使って、他者にされて負担になった出来事を明確にし、そのときの自分の気もちを二人称・三人称を使わない「私は」ではじめる表現によって、他者に伝えるスキルを身につけます。

実施日　　年　　月　　日　　学生番号　　　　　　　　　氏名　　　　　　　　　　　　

「私は」ではじめるコミュニケーションその1

Ⅰ. 「私は」ではじめるコミュニケーションは、どんな意味があるか考えてみてください。

ルール 他者の発言は、否定したり、批判したりしないで、傾聴し、理解に努めてください。

①ペアを組んで、「私は」ではじめるコミュニケーションを練習してみてください。
- ➤ 友人と自由に話してみます。
- ➤ 二人称・三人称を使わないで、以下のように対話をしてみてください。

> 「私は，　こういう状況に対して/理由で，　こう思う/感じる/したい。」
> 　　　　　－気もちの背景－　　　　　　　　－気もちの説明－

②二人称・三人称を使わないで「私は」ではじめると、どんな感じがするのか、自分の表現、相手の反応について、友人と話し合ってみてください。

③全体で共有してください。…感想。友人や自分のことで、どのような発見がありましたか。

Ⅱ. 次の状況をイメージしてみてください。
あなたがこの状況におかれているとしたら、どのような気もちになるでしょうか。
「私は」ではじめるコミュニケーションで、あなたの気もちや考えを表現してください。

1．あなたは試験勉強に集中したいと思っています。そんな時、あなたの友人が、気晴らしをしようと誘ってきました。
「私は」ではじめるコミュニケーションで、あなたの気もちや考えをあなたの友人に伝えてください。
私は＿＿＿＿＿＿＿＿＿＿＿＿＿＿＿＿＿＿＿＿＿＿＿＿＿＿＿＿＿＿＿＿＿。

2．グループである課題をすることになりました。課題は、今日中に提出する必要があります。まとめ役のあなたは、グループの意見をまとめて、課題を時間内に作成したいと考えていますが、今のところ、メンバーは別のことに夢中です。このままでは、課題を今日中に提出することができません。
「私は」ではじめるコミュニケーションで、あなたの気もちや考えをグループメンバーに伝えてください。

私は＿＿＿＿＿＿＿＿＿＿＿＿＿＿＿＿＿＿＿＿＿＿＿＿＿＿＿＿＿＿＿＿＿。

3．あなたは、心理相談室で、クライエントＡさん(小学生)を担当し、Ｂ臨床心理士がＡさんの母親面接を担当して、親子並行面接をしています。あなたは、Ｂ臨床心理士とカンファレンスがしたいと思っています。
「私は」ではじめるコミュニケーションで、あなたの気もちや考えをＢさんに伝えてください。

私は＿＿＿＿＿＿＿＿＿＿＿＿＿＿＿＿＿＿＿＿＿＿＿＿＿＿＿＿＿＿＿＿＿。

4．あなたは、Ａ学校のスクールカウンセラーをしています。しばらく学校を休んでいたＢさんが相談室に来室することになりました。あなたは、ＢさんのＣ担任と情報を共有したいと思っています。
「私は」ではじめるコミュニケーションで、あなたの気もちや考えをＣ担任に伝えてください。

私は＿＿＿＿＿＿＿＿＿＿＿＿＿＿＿＿＿＿＿＿＿＿＿＿＿＿＿＿＿＿＿＿＿。

「私は」ではじめるコミュニケーションその2
コ ミ ュ ニ ケ ー シ ョ ン カード

III. 「私は」ではじめるコミュニケーションカードを使って、練習します。

ルール 他者の発言は、否定したり、批判したりしないで、傾聴し、理解に努めてください。

①**あなた自身の気もちや考えを上手く伝えられなかった場面**を、空白カードに書いてください。
②カードを、切り取ります。
③みんなのカードを集めて、内容が見えないようにまとめて、ゲームを始めてください。
一人ずつカードをひいていきます。
④ひいたカードの状況に対して、二人称・三人称を使わない「私は」ではじめるコミュニケーション
で、自分の気もちや考えを伝えてください。
⑤**うまくできたら**、カードをもらいます。うまくできなかったら、カードを戻します。
  OK「私はこういう状況に対して、こういう理由で、こう思う」
  OK「私はこういう状況に対して、こういう理由で、こう感じる」
  OK「私はこういう状況に対して、こういう理由で、こうしたい」
⑥沢山とった人が勝ちです。

日常編	心理臨床編
[G] あなたは、いつも面倒なことを私に押し付ける。	[T] あなたはいつも私と情報を共有しない。
[G] あなたは、私が話しかけたとき、こたえない。	[T] あなたはいつも私の面接の方針を非難する。
[G] あなたは、私の間違いを指摘し、私をイヤな気もちにさせる。	[T] あなたはいつも私が面接でしていることを誤解する。
[G]	[T]
[G]	[T]
[G]	[T]

社会の中で自分らしく生きるために

適切な自己主張力を磨く
「私は」ではじめるコミュニケーションのポイント

○ 二人称・三人称を使わない「私は」ではじめる表現で自分の気もちを伝えると、相手を不快にさせたり責めたりすることを避け、自分の気もちも抑え過ぎず、ほどよいコミュニケーションができます。

○ 「私は」で始まる表現は、2つの部分をもっています。
　 ✧　私は、…こういう状況に対して（こういう理由で）、[気もちの背景]
　 ✧　こう思う（こう感じる、こうしたい）。[気もちの説明]

○ 「私は」で始めるコミュニケーションは、こんなふうに役に立ちます。
　 ✧　相手に不快な感じを与えずに、自分の気もちを表すことができます。
　 ✧　自分の気もちとその理由について、正確に他人に説明する手段になります。
　 ✧　自分の気もちに責任をもつことができます。
　 ✧　自分の考えに気づき、それをうまくコントロールするのを助けます。
　 ✧　意見をはっきりと伝えたり、賛成しないことを表したりする手段になります。

適切に自己主張するポイント

○「私は」で始める表現は、相手に不快な気もちを与えず、自分の気もちも抑え過ぎず、自分の気もちを相手に伝え、ほどよい人間関係を維持することが可能です。

こんなときは、「私は」で始める表現をしてみてください。（Simons-Morton et al., 2005ab；安藤, 2007a）
- ストレス・プレッシャー・怒りを予防したり、和らげたりしたいとき。
- 他の人が言ったり行ったりしたことに対して、自分自身が感じていることを誰かに伝えたいとき。
- 相手と険悪にならないで、自分の気もちを表現したいとき。

効果的なコラボレーションの構築・継続のために大切なスキルを身につけます（Lawrence, 2001）。
- 考えを語ります。
　　✧グループメンバーは、語り手の語りをさえぎらないで、最後まで聴きます。
- 傾聴します。
　　✧グループメンバーは、語り手の伝えたいことが明確になるように、語りに集中します。
- 質問します。
　　✧グループメンバーは、各語りについてさらに理解を深めるために、問いかけをします。

　　　○再検討にあたっては、一つの意見に集約せず、まずは様々な意見を提案します。

セッションをふり返ってみてください。

実施日　　　年　　月　　日　学生番号　　　　　　　　氏名　　　　　　　　　　

[設問 A]　次の内容について、そう思わない=0、ややそう思わない=1、どちらともいえない=2、ややそう思う=3、そう思う=4 の中から選んで、それぞれあてはまる番号に〇印をつけてください。

質問		回答				
		そう思わない	ややそう思わない	どちらともいえない	ややそう思う	そう思う
1	「私は」ではじめるコミュニケーションが、どのように役立つか理解できましたか。	0	1	2	3	4
2	やってみよう「私は」ではじめるコミュニケーション！シートを完成できましたか。	0	1	2	3	4
3	「コミュニケーションカード」を完成できましたか。	0	1	2	3	4
4	「コミュニケーションカード」を使ったゲームで、「私は」ではじめるコミュニケーションを使って、気もちを伝えることができましたか。	0	1	2	3	4

[設問 B] セッション【人間関係：人間関係を磨く―「私は」ではじめるコミュニケーション―】に参加して、あなたの伝えたいことを相手に伝えて理解を得たい時、心がけてみようと思うこと、やってみようと思うことを述べてください。

気づいて、感じて、受け容れて、整えましょう！

"サクセスフル・セルフ"（Successful Self）のポイント

↪ 「自分らしく生きていく」ために、「自分と向き合い」「自分のよい面を伸ばし」「自分の課題を少しずつ修正」しながら、「自分を大切に」しましょう。

↪ 「ほどよい人間関係を築き続けていく」ために、「適切な自己主張」「共感」「ゆずりあい」をしましょう。

↪ 「困難なことに対処し解決する」ために、「落ち着いて」、「周囲の人達の立場に立って」みたり、「自分の気もち」をふり返ったりしてみましょう。「様々な方法を考えて最もよいと思うものから実行」してみましょう。「何が起こるか考えてから行動」しましょう。

↪ 「自分をコントロール」するために、自分のこころやからだの状態に関心を向けて、ストレスの原因に気づき、ストレスマネジメントをしましょう。

"セルフケア"のポイント

↪ 自分のからだやこころに注意を向けて、自分が感じるからだの感覚、気もちのありよう、思い、気づいたままに感じてみましょう。不快な感じがあるのなら、我慢し過ぎず、頑張り過ぎず、やさしく、思いやりの気もちを向けて、いたわりましょう。

↪ 疲れは"積もれば山"となりますので、適度に休養し心身の充電をしましょう。一日10分くらいは、自分のためのこころのゆとりの時間をもちましょう。

20　　年　　月　　日　学生番号_____　氏名_____

月／日（曜日）	よい体験				いやな体験					今の考え
	出来事	からだの感覚	わいてきた感情	わいてきた思考	出来事	からだの感覚	わいてきた感情	わいてきた思考	対処ケア	
例 10／6（日）	通学中、虫の音を聞き樹々をみた。	心地よさ。	穏やかさ、すがすがしさ。	過ごしやすい季節になってきたな。	不備のある書類が届いた。	心臓がドキドキ。	焦りと不安。	困ったな、やれやれ。	相手に尋ねた。	人はミスをする。
／（　）										
／（　）										
／（　）										
／（　）										
／（　）										
／（　）										
／（　）										

この1週間の"気づいて、感じて、受け容れて、整えましょう！"についての感想

第12章

セッション9　　セルフケア

【マインドフルネス・トレーニング：マインドフルに自分のあり方を工夫する[9]】

目的
　自分のこころや身体をやさしくいたわり、マインドフルに自分のあり方を工夫する方法を考えてみます。

　自分のストレスやつらさ・いたみ・苦しみについて、気もち(感情)、ものの見方やとらえ方(認知)、身体感覚、他者との関係性、大切にしていること(価値観)の五つの面から気づくことを試みます。

　自分のストレスやつらさ・いたみ・苦しみから自分を大切にするには、抵抗、探索、気づく、揺れるこころを許容、多面的な自分を受け容れる、安心して生きること（願う、迷う、迷うことを受け容れる、安心して生きるために自分が変わりはじめる）といった道のりがあること学びます。

実践（次のページにあるワークシートを活用します）
- ❏　ちょっと気がかりなあるいはちょっと困っている状況を浮かべてください。
- ❏　(これから探索しても大丈夫な、)あまり深刻すぎないものを選んで、ここで取り上げる状況として、書いてみます。
- ❏　その状況に対して、あなたは、どのようなとらえ方、感じ方、行動をしていますか。探索してみます。
  - ◦　そう捉え・感じ・行動する理由や意味を考えてみます。
- ❏　自分のこころの声 (気もち、考え方、身体感、価値、他者との関わり等)に注意や関心を向けて、気づいてみましょう。
- ❏　つらさやいたみや苦しみを感じていても、その行動をしている意味・理由を聞いて、ネガティブな面からポジティブなメッセージを送ってみましょう。
  - ◦　そう捉え・感じ・行動する良さ
  - ◦　そう捉え・感じ・行動するつらさ
- ❏　つらさやいたみや苦しみを受けいれて、自分をやさしく自分を大切にする「ことばかけ」をしましょう。
- ❏　安心して、できそうな工夫を考えてみましょう。

---

9 ［以下の研修および資料を参考にした］

　　・Center for Mindful Self-Compassion (http://centerformsc.org/)<Neff, K., & Germer, C. (December 2016).

　　・Mindful Self-Compassion. Center for Mindful Self-Compassion. (March 12-17, 2017. Sedona Mago Retreat, Sedona, Arizona, USA).

実施日　　　年　　月　　日　学生番号：＿＿＿＿＿＿＿　名前：＿＿＿＿＿＿＿＿＿

＊マインドフルに自分のあり方を工夫してみましょう＊

● ちょっと気がかりなあるいはちょっと困っている状況を浮かべてください。

● （これから探索しても大丈夫な、）あまり深刻すぎないものを選んで、ここで取り上げる状況として、書いてみます。

ちょっと気がかりな・ちょっと困っている状況

○ その状況に対して、あなたは、どのようなとらえ方、感じ方、行動をしていますか。探索してみます。

	内容	そう捉え・感じ・行動する理由や意味	そう捉え・感じ・行動する良さ	そう捉え・感じ・行動するつらさ	自分をやさしくいたわることばかけ	安心してできそうな工夫
状況のとらえ方						
状況の感じ方						
状況での行動						

○ あなたのマインドフルネス（平静、気づき、感じる、受け容れる等）、セルフ・コンパッション（寛容さ、しなやかさ、やさしさ等）の特徴をふまえて、困難な状況への対処についてまとめます。

セッション9 　　　"サクセスフル・セルフ"

【対処と解決：困難な状況への対処と解決＜心理臨床編1＞】

目的
　心理臨床に携わる初心者が経験しやすい困難なクライエント―セラピスト関係に対処する力を身につけます。

内容
　心理臨床に携わる初心者が経験しやすい困難なクライエント―セラピスト関係について、事例を通して、自分自身や周囲の人の気もちを考えたり、問題解決法を活用したりして、対処していく方法を学びます。

実施日　　　年　　月　　日　　学生番号　　　　　　　　　　氏名

次のシナリオ（セラピストの質問に答えてくれず、セラピストはクライエントのこと
が頭から*離れない*）を読んでください。

> 心理相談室で、あなたは学校にまつわる悩みを抱えたクライエントAさんA(10歳代)を担当すること
> になりました。あなたは、Aさんと信頼関係を築きたいと思い、言語による面接をしていますが、**対
> 話は途切れがちです。居心地の悪さを感じているあなたは、Aさんに色々ときいています。**
> あなたは、**Aさんとの面接に戸惑いを感じ、面接が終わってもAさんのことが頭から離れません。**

I　この状況を知った周囲の人は、どのように感じると思いますか。あなたは、どのように感じますか。

クライエントAさん：

クライエントAさんの保護者：

同じ相談室の仲間：

スーパーバイザー：

あなた自身：

****

セラピストとクライエントとの間に、何が起こっているのか

II. シナリオについて、グループで考えてください。

関係する人	気もち
クライエント A さん	
クライエント A さん の保護者	
同じ相談室の仲間	
スーパーバイザー	
あなた自身	
セラピストとクライエントとの間に、何が起こっているのか	

困難な状況への対処

[1]　このような状況に対して、あなたはどのように対処しますか？対処方法を 3 つ考えてください。それがどの程度解決につながるか、0〜100%で示してください。

対処する方法	対処解決確率
(1)	（　　　）%
(2)	（　　　）%
(3)	（　　　）%

[2]　最もよいと思う心がけ・行動を選び、その理由を考えてください。

最もよいと思う心がけ・行動の番号　（　　　）

[理由]・・・

グループ No._____

困難な状況への対処（グループ編）

[1]　このような状況に対して、あなたはどのように対処しますか？対処方法を 3 つ考えてください。それがどの程度解決につながるか、0〜100%で示してください。

対処する方法	対処解決確率
(1)	（　　　）%
(2)	（　　　）%
(3)	（　　　）%

[2]　最もよいと思う心がけ・行動を選び、その理由を考えてください。

最もよいと思う心がけ・行動の番号（　　）

[理由]・・・

心理臨床に携わる人になるためのポイント

セラピストの質問にクライエントが答えてくれない場合(成田, 2007)

○ クライエントのそういう態度によってセラピストは、内心クライエントを非難しがちになることに留意してください。

○ セラピストはクライエントの内的世界にズカズカ入っていくことについ無神経になる恐れがあります。

○ セラピストの質問が、本当にセラピーに必要かどうか、現時点で適切なものかどうかよく考えてみてください。

○ 心の内を語るにはそれなりの時間と準備、時が熟すことが必要です。クライエントの沈黙を尊重しましょう。

○ クライエントとの沈黙の時間が、セラピストとクライエント双方に苦痛や緊張を伴って否定的に感じられるか、それとも意味深い充実したものに感じられるか、感じてみてください。

特定のクライエントのことがセラピストの頭から離れない場合(成田, 2007)

➥ このような状況に対処するために、どのようなクライエントなのか、整理してみましょう。

○ 自分のセラピストとしての価値が、その特定のクライエントの経過にかかっていると感じている場合があります。この場合には、セラピーがクライエントのためというよりもセラピストのためのセラピーということになっている可能性があります。

○ セラピーで、何が起こっているのかわかりづらい、何が起こるのか見通しが持ちづらい場合には、不安を抱えることがあります。

○ セラピーに負担を感じ、内心クライエントに嫌悪や敵意を感じている場合もあります。

先輩院生の見方・とらえ方を参考にしてみましょう

【訓練中の若手セラピストが悩む場面】セラピストの質問にクライエントが答えてくれない場合

〇クライエント(Cl)とセラピスト(Th)の気もちや思い、こころの関係性を省察的思考でみてみると…

クライエント	セラピスト	関係性
圧迫感、探られている感じ	対話が続いてほしい	Th が Cl のこころに寄り添っていない
Th がどんな人か<u>わからない</u>	Cl に話してほしい	Th が Cl に、違和感を与えている
私が話さないから、いろいろ聞いてくるのかな	焦り	Th の苦手意識が、話しづらい雰囲気につながっている
何が聞きたいのか<u>わからない</u>	必死になり過ぎ	
質問されると話しづらい、困る	居心地が悪い	<u>Th の居心地の悪さ</u>が、<u>互いの焦り・緊張感</u>につながり、<u>安心して話せる場として十分機能していない</u>
<u>緊張感</u>でうまく話せない	申しわけない	
何を話したらいいのか<u>わからない</u> <u>戸惑い</u>	自分のことで精一杯	両者の気もちやモチベーションの食い違い
特に話したいことがない		気まずい
気まずい		Cl の抵抗
<u>居心地が悪い</u>		
まだ、そこまで話したいと思わない		
Th に愛想がないと思われていないか心配		
本当は、セラピーをしたくない		

【訓練中の若手セラピストが悩む場面】特定のクライエントのことが頭から離れない場合のセラピストの気もち・思いは・・・

どうしたら、信頼関係が築けるか、悩む

自分のやり方が問題、力量不足

自分だから話しづらいのかな、他の Th だったらそうでないのかも

面接が億劫　　いやになりそう　　無力感　　自信喪失　　後悔

〇このような困難な状況への対処（心がけ・行動）として

Cl への<u>見立て</u>を再考する

Th の想像で面接をすすめていないかふり返り、<u>両者のズレを理解し</u>、必要なことは Cl に聞き、同じ方向性をもつ

Th 自身の気もちや思いを SV で語り、ふり返る

<u>面接が緊張感で居心地の悪い場になるのを減らす</u>ように、まず **Th 自身の面接への不安・緊張感を緩和し**、平静なこころでのぞむ

<u>面接が、安心して語れる場になるように</u>、（話しやすい話題や今はあえて話題にするのを控える話題等）<u>話題に配慮</u>してみる、<u>信頼関係作りから</u>。

セッションをふり返ってみてください。

実施日　　　年　　　月　　　日　学生番号　　　　　　　　　　　氏名　　　　　　　　　　　

[設問 A]次の問について、そう思わない=0〜そう思う=4 の中から、それぞれあてはまる番号に〇印をつけてください。

問	回答				
	そう思わない	ややそう思わない	どちらともいえない	ややそう思う	そう思う
1　心理臨床に携わる初心者が抱えやすいクライエント―セラピスト関係について、様々な人の気もちを考えることができましたか。	0	1	2	3	4
2　心理臨床に携わる初心者が抱えやすいクライエント―セラピスト関係について、対処の方法が見いだせましたか。	0	1	2	3	4
3　心理臨床に携わる初心者が抱えやすいクライエント―セラピスト関係について、理解が深まりましたか。	0	1	2	3	4

[設問 B]セッション【困難な状況への対処と解決：心理臨床編1】セラピストの質問に答えてくれず、セラピストはクライエントのことが頭から離れない事例に取り組んでみて、あなたの心理臨床において、これから心がけてみようと思うこと、やってみようと思うことを述べてください。

気づいて、感じて、受け容れて、整えましょう!

"サクセスフル・セルフ"（Successful Self）のポイント

↪ 「自分らしく生きていく」ために、「自分と向き合い」「自分のよい面を伸ばし」「自分の課題を少しずつ修正」しながら、「自分を大切に」しましょう。

↪ 「ほどよい人間関係を築き続けていく」ために、「適切な自己主張」「共感」「ゆずりあい」をしましょう。

↪ 「困難なことに対処し解決する」ために、「落ち着いて」、「周囲の人達の立場に立って」みたり、「自分の気もち」をふり返ったりしてみましょう。「様々な方法を考えて最もよいと思うものから実行」してみましょう。「何が起こるか考えてから行動」しましょう。

↪ 「自分をコントロール」するために、自分のこころやからだの状態に関心を向けて、ストレスの原因に気づき、ストレスマネジメントをしましょう。

"セルフケア"のポイント

↪ 自分のからだやこころに注意を向けて、自分が感じるからだの感覚、気もちのありよう、思い、気づいたままに感じてみましょう。不快な感じがあるのなら、我慢し過ぎず、頑張り過ぎず、やさしく、思いやりの気もちを向けて、いたわりましょう。

↪ 疲れは"積もれば山"となりますので、適度に休養し心身の充電をしましょう。一日10分くらいは、自分のためのこころのゆとりの時間をもちましょう。

20　　年　　月　　日　学生番号＿＿＿＿＿＿＿　氏名＿＿＿＿＿＿＿＿＿＿＿＿＿

月／日（曜日）	よい体験				いやな体験					今の考え
	出来事	からだの感覚	わいてきた感情	わいてきた思考	出来事	からだの感覚	わいてきた感情	わいてきた思考	対処ケア	
例 10／6 （日）	通学中、虫の音を聞き樹々をみた。	心地よさ。	穏やかさ、すがすがしさ。	過ごしやすい季節になってきたな。	不備のある書類が届いた。	心臓がドキドキ。	焦りと不安。	困ったな、やれやれ。	相手に尋ねた。	人はミスをする。
／ （ ）										
／ （ ）										
／ （ ）										
／ （ ）										
／ （ ）										
／ （ ）										
／ （ ）										

> **この1週間の "気づいて，感じて，受け容れて，整えましょう!" についての感想**

第13章

セッション10　　セルフケア

【マインドフルネス・トレーニング：寛容に聴く[10]】

目的

　自分の気もちの揺れを落ち着かせたり、他者と情緒的につながる手立てとしたりして、意図的・非判断的に現在の瞬間のありのままの自分や周囲に注意を向けて、寛容に聴くことの体験をとおして学びます。

　私たちは相手の話を聴くときに、その人の気もちに寄り添い、傾聴を心がけています。そして、その人を理解し、支援したいと願っています。そうはいっても、相手が心から語ろうとしていることを聴くのには、だれでも自分のこころに限りがあります。それを踏まえた聴き方の一方法を学びます。

実践

✧気もちの準備をします。

❍首や肩の力をぬいて、自分にあった姿勢に整えます。(よければ)そっと目を閉じて、自分にとって安心できる楽に感じるからだの箇所に手をふれます。

❍ゆっくり静かに呼吸をします。

❍"こころ"をひらいて(Open heart! Open mind!)、自分の気もちに寄り添います。

✧語りの準備をします。

❍　　次のすべてに該当する体験(状況、年代等)を思い出してみます。(あとで3人程度のグループで語ってもらうので、そこで語ってもよい体験としてください。)

　①これまでの人生のなかで、とても大変でどうにも乗り越えることができないのではないかと感じたほど苦しい体験

　②そういった体験の中で、その体験で自分に何か学びがあった体験

　③その体験がなければ学ぶことができなかった体験

　④今現在、そのことは大きな問題になっていない体験

　・　　目をあけて、必要に応じて書き留めます。

---

10 [以下の研修および資料を参考にした]

　・Oxford Mindfulness Centre. (2016/8/22-26) Oxford Mindfulness Summer School 2016.

　・Center for Mindful Self-Compassion (http://centerformsc.org/)<Neff, K., & Germer, C. (December 2016).

　・Mindful Self-Compassion. Center for Mindful Self-Compassion. (March 12-17, 2017. Sedona Mago Retreat, Sedona, Arizona, USA).

✧グループ活動をします（各グループ3人程度で30分）

❏　語り手は、5分で語ります。

○　　つらさやいたみや苦しみよりも、どう対処し解決したのかに重点を置いて語ります。細かいことを語る必要はありません。

❏　聴き手

○　　相手の語りを中断しないで傾聴します。相手の語りを、"身体"で聴いてみます。瞬間瞬間の感覚を、非判断的に、身体で感じてみます。特に、首から下の部分で感じてみます。

○　　語りを聴くなかで、あなたのなかで何か感じ、相手へのいたわりや思いやりにつながることなら、そのあたたかくつつみこむような気もちを非言語的メッセージとして、相手に送ります。

○　　（疲労している、感情的に受け付けない、よく理解できない等）何らかの理由で、相手の語りに注意を向けることが困難になった場合には、以下のような試みをします。

・　静かにやさしく自分の呼吸に注意を向けます。

・　そして、吸う呼吸に注意を向けて、もう一度自分のこころや身体に注意を向けていきます。

・　次に、吐く呼吸に注意を向けて、もう一度相手の語りに注意を向けていきます。

・　それから、吸う呼吸のときには自分へ、吐く呼吸の時には相手へと、自分のリズムで呼吸をとおして、あたたかくつつみこむような思いやりの非言語的メッセージを送ります。

○　　語り手の語りが5分より前に終わったら、ただ静かに待ちます。

✧　一緒に取り組んだ仲間と、体験した感想や印象を共有します。（グループで10分程度、全体で5分程度）

（大切な約束）＊仲間と体験を語り合うにあたっては、語るときには、自分に合った自己開示をします。聴くときには、相手の語りを否定したり批判したりしないで、やさしく思いやりといたわりの気もちをもって、中立的に傾聴します。

セッション 10　　　"サクセスフル・セルフ"

【対処と解決：困難な状況への対処と解決＜心理臨床編2＞】

目的
　心理臨床に携わる初心者が経験しやすい困難なクライエント―セラピスト関係に対処する力を身につけます。

内容
　心理臨床に携わる初心者が経験しやすい困難なクライエント―セラピスト関係について、事例を通して、自分自身や周囲の人の気もちを考えたり、問題解決法を活用したりして、対処していく方法を学びます。

実施日　　年　月　日　学生番号　　　　　　　　　　氏名

次のシナリオ（クライエントの話についていくのが精一杯で、どんなタイミングで何
をきいてよいかわからず戸惑い、セラピストは面接の行き詰まりを感じている）を読
んでください。

> 心理相談室であなたは、クライエントAさんを担当しています(週1回　1回50分)。
> 面接中**Aさんはよどみなく話し**、あなたは**Aさんの語りについていくのが精一杯**で、Aさんに**どん
> なタイミングで何をきいたらよいかわからず戸惑い**、**面接に行き詰まりを感じています。**
> そうしているうち、面接終了時間になりました。

I　この状況を知った周囲の人は、どのように感じると思いますか。あなたは、どのように感じますか。
セラピストとクライエントの間に何が起こっていると思いますか。

クライエントAさん：

同じ相談室の仲間：

スーパーバイザー：

あなた自身：

****

セラピストとクライエントの間に何が起こっているのか

グループ No.＿＿＿＿＿＿＿＿

II. シナリオについて、グループで考えてください。

関係する人	気もち
クライエント A さん	
同じ相談室の仲間	
スーパーバイザー	
あなた自身	

セラピストとクライエントの間に何が起こっているのか

困難な状況への対処

[1]　このような状況に対して、あなたはどのように対処しますか？対処方法を 3 つ考えてください。それがどの程度解決につながるか、0〜100％で示してください。

対処する方法	対処解決確率
(1)	（　　　）%
(2)	（　　　）%
(3)	（　　　）%

[2]　最もよいと思う心がけ・行動を選び、その理由を考えてください。

最もよいと思う心がけ・行動の番号（　　）

[理由]・・・

グループ No._____

困難な状況への対処（グループ編）

[1]　このような状況に対して、あなたはどのように対処しますか？対処方法を 3 つ考えてください。それがどの程度解決につながるか、0～100%で示してください。

対処する方法	対処解決確率
(1)	（　　　）%
(2)	（　　　）%
(3)	（　　　）%

[2]　最もよいと思う心がけ・行動を選び、その理由を考えてください。

最もよいと思う心がけ・行動の番号（　　）

[理由]・・・

心理臨床に携わる人になるためのポイント

セラピストとクライエントの間に何が起こっているのか把握する目をもつ(成田, 2007)

❍ セラピストは、クライエントと関わり合い、関係に参加し、関係を生きつつ、クライエントのなかに何が起こっているのか、**セラピスト（私）とクライエント（あなた）との間に、今ここで何が起こっているのか把握**する目をもつことが大切です。

❍ 一方でその関係から距離をとって、これを**客観的に把握**する必要があります。

❍ 心理臨床に携わる人には、この<u>2つを統合して把握</u>する力が要請されます。

　　⇩　把握するための着眼点は

✓ セラピストとクライエントとの関係が適切に保たれているか

✓ セラピストとクライエントの間に対話的関係（交流）が同一水準で行われているか（対称的交流）

✓ セラピストとクライエントの間で、クライエントの訴え等をより深い未自覚的な局面の問題へと深めていくような交流が行われているか（非対称的交流）

✓ 非言語的コミュニケーションについても留意しているか

✓ セラピストとクライエントの両者の感情的関係とその変遷を的確に理解するために、クライエントがセラピストをどう感じているか（セラピストに対するクライエントの感情）に敏感であるか

✓ これらの前提として、セラピストが心理臨床に携わる人になろうとするにあたって自分がどのような動機をもっているのか自覚しているか

セラピストがクライエントに、何をきいてよいかわからない場合(成田, 2007)

✓ 事実レベルの情報収集を焦ってクライエントの感情に目が向いていないのではないか

✓ クライエントのことを早くわかりたい気もちが強すぎないか

✓ セラピストの依って立つ理論の視点からのみクライエントを性急に位置づけようとしていないか（狭い視点で割り切ってしまっていないか）

✓ セラピストが面接場面でいつも主導権を握っていないと不安になっていないか

✓ 了解の行き過ぎ、早まった了解になっていないか（クライエントのことをわかってしまったと思い込んでいないか）

☛ クライエントが行動を話したら、＜そうしたときはどんな気もちでしたか？＞とその時の感情をきいてみます。

☛ クライエントが感情を話したら、＜そういう気もちになったときにどうしましたか？＞とそのときの行動を聞いてみます。

☛ これによってクライエントは自身の行動と感情を区別して自覚し、行動に先立つ抑制や葛藤や断念について語ることができるようになります。

先輩院生の見方・考え方を参考にしてみましょう

【訓練中の若手セラピストが悩む場面】セラピストは、クライエントに何をきいてよいかわからず、面接に行き詰

まりを感じている場合

〇クライエント（Cl）とセラピスト（Th）の気もちや思い、こころの関係性の省察的思考でみてみると…

クライエント	セラピスト	関係性
話したいことがたくさんあって、まとまらない	しんどい	Th が Cl のペースに圧倒されている
いっぱい話して、何を話したのか覚えてない	Cl の語りが理解しにくい	必死で説明（Cl）―傾聴（Th）しているが、深
Th に わかってもらったか不安・心配	面接に集中できない	まらない不全感が漂う面接
しゃべりすぎて後悔、疲労	Clを理解する余裕がもてない	面接目標が共有されていない
Th に止めてほしい	自分のことで精一杯	Th による Cl の理解（見立て）が不十分
		義務感や不安回避、混乱で語り続けるClを
		さらに助長している Th

〇このような困難な状況への対処（心がけ・行動）として

面接の目的や希望を共有する

これまでの面接をふり返ることも含めて、Th はどこに焦点をあてていくのか考える

Cl の気もちや語りを要約して伝えかえすことを意識的にこころがける

セッションをふり返ってみてください。

実施日　　　年　　　月　　　日　学生番号　　　　　　　　　　氏名　　　　　　　　　　　

[設問 A]次の問について、そう思わない=0～そう思う=4 の中から、それぞれあてはまる番号に〇印をつけてください。

問	回答				
	そう思わない	ややそう思わない	どちらともいえない	ややそう思う	そう思う
1 心理臨床に携わる初心者が抱えやすいクライエント—セラピスト関係について、様々な人の気もちを考えることができましたか。	0	1	2	3	4
2 心理臨床に携わる初心者が抱えやすいクライエント—セラピスト関係について、対処の方法が見いだせましたか。	0	1	2	3	4
3 心理臨床に携わる初心者が抱えやすいクライエント—セラピスト関係について、理解が深まりましたか。	0	1	2	3	4

[設問 B] セッション【困難な状況への対処と解決：心理臨床編 2】クライエントの話についていくのが精一杯で、どんなタイミングで何をきいてよいかわからず戸惑い、セラピストは面接の行き詰まりを感じている事例に取り組んでみて、あなたの心理臨床において、これから心がけてみようと思うこと、やってみようと思うことを述べてください。

気づいて、感じて、受け容れて、整えましょう！

"サクセスフル・セルフ"（Successful Self）のポイント

↪ 「自分らしく生きていく」ために、「自分と向き合い」「自分のよい面を伸ばし」「自分の課題を少しずつ修正」しながら、「自分を大切に」しましょう。

↪ 「ほどよい人間関係を築き続けていく」ために、「適切な自己主張」「共感」「ゆずりあい」をしましょう。

↪ 「困難なことに対処・解決する」ために、「落ち着いて」、「周囲の人達の立場に立って」みたり、「自分の気もち」をふり返ったりしてみましょう。「様々な方法を考えて最もよいと思うものから実行」してみましょう。「何が起こるか考えてから行動」しましょう。

↪ 「自分をコントロール」するために、自分のこころやからだの状態に関心を向けて、ストレスの原因に気づき、ストレスマネジメントをしましょう。

"セルフケア"のポイント

↪ 自分のからだやこころに注意を向けて、自分が感じるからだの感覚、気もちのありよう、思い、気づいたままに感じてみましょう。不快な感じがあるのなら、我慢し過ぎず、頑張り過ぎず、やさしく、思いやりの気もちを向けて、いたわりましょう。

↪ 疲れは"積もれば山"となりますので、適度に休養し心身の充電をしましょう。一日10分くらいは、自分のためのこころのゆとりの時間をもちましょう。

20　　　年　　　月　　　日　学生番号＿＿＿＿＿＿＿＿　氏名＿＿＿＿＿＿＿＿＿＿＿

月／日（曜日）	よい体験				いやな体験					今の考え
	出来事	からだの感覚	わいてきた感情	わいてきた思考	出来事	からだの感覚	わいてきた感情	わいてきた思考	対処ケア	
例 10／6（日）	通学中、虫の音を聞き樹々をみた。	心地よさ。	穏やかさ、すがすがしさ。	過ごしやすい季節になってきたな。	不備のある書類が届いた。	心臓がキドキ。	焦りと不安。	困ったな、やれやれ。	相手に尋ねた。	人はミスをする。
／（　）										
／（　）										
／（　）										
／（　）										
／（　）										
／（　）										
／（　）										

この1週間の〝気づいて、感じて、受け容れて、整えましょう！〟についての感想

第14章

セッション11　セルフケア

【マインドフルネス・トレーニング：自分のつらい気もちを観る、寄り添う[11]】

目的

　つらいこと、いらいらや不快な気分を感じること等（以下、つらい気もち）があらわれたときに、どんなことが起きているのでしょうか。つらい気もちがあらわれはじめていることを教えてくれる、思考・感情・身体感覚・行動パターンについて、関心をもって、丁寧に探索してみることを試みます。

　日常生活の中で感じるつらい苦しい気もちを感じたときの対処方法を学びます。

　それらをとおして、自分のストレスやつらさ・いたみ・苦しみに気づき、それへのいたわり方の特徴を知り、受け容れます。

実践

✧気もちの準備をします。

〇首や肩の力をぬいて、自分にあった姿勢に整えます。（よければ）自分にとって安心できる楽に感じるからだの箇所に手をふれます。

〇ゆっくりしずかに呼吸をします。

✧"こころ"をひらいて(Open heart! Open mind!)、自分の気もちに寄り添い、自分に問いかけます。

〇つらいこと、いらいらや不快な気分を感じること等（以下、つらい気もち）があらわれたときに、どんなことが起きているでしょうか。つらい気もちがあらわれはじめていることを教えてくれる、思考・感情・身体感覚・行動パターンについて。

（好奇心をもって、丁寧に探索してみます。つらい気もちのきっかけは、出来事のこともあれば、こころのなかにあったりもします。大きい場合もあれば、小さいことがきっかけになる場合もあります。）

〇つらい気もちに名前をつけてみます。（怒り、悲哀感、罪悪感、混乱、恐怖感、恥等）

〇最も強く感じている気もちは、どれだろう。

〇つらい気もちにとどまらせてしまう考えや行動の癖はなんだろう。

〇つらい気もちになったとき、それ以上悪化しないで、はね返したり、緩和したりする助けになること、つらい気もちに

---

11 [以下の研修および資料を参考にした]

　　・Oxford Mindfulness Centre. (2016/8/22-26) Oxford Mindfulness Summer School 2016.

　　・Center for Mindful Self-Compassion (http://centerformsc.org/)<Neff, K., & Germer, C. (December 2016).

　　・Mindful Self-Compassion. Center for Mindful Self-Compassion. (March 12-17, 2017. Sedona Mago Retreat, Sedona, Arizona, USA).

なったとき、対応について、思考や感情がこんがらがったとき、どのように対応し、自分をいたわっているのでしょうか。

- たとえば、

  気もち(感情)…安心して心地よくあるように、日記を書く、料理をする、ペットと遊ぶ等

  ものの見方やとらえ方(認知)…動揺等を減らすために、瞑想する・面白い映画をみる・読書する等

  身体の感覚(身体感)…身体を和らげるために、エクササイズをする・入浴する・温かいものを飲む等

  他者との関係性…他者とのほどよい関係のために、友人と話す、お誕生日カードを送る等

  大切にしていること(価値)…自分の大切なものを大切にするために、祈る、自然に入る、他者援助する等

○困難なときやつらい気もちがあるとき、自分を大切にするためにしている、できそうな最善の方法(具体的に)はなんだろう。(例:平静なこころにさせてくれるもの、自分のためになる活動、連絡したり相談したりできる人、苦痛に上手に対処するためにできるささやかなこと)

○その気もちを最も強く感じている身体の箇所を一つ見つけましょう。

○つらさやいたみや苦しみを受けいれて、あたたかくつつみこむような心からの思いやりをかけて、自分を大切にする「ことばかけ」をしましょう。

○気もちがらくになるまで、「あるがままにいていいよ」と寛容に、つらさやいたみや苦しみを和らげるように、いたわりのことばを繰り返しかけましょう。

✧　一緒に取り組んだ仲間と、体験した感想や印象を共有します。(グループで10分程度、全体で5分程度)

(大切な約束)＊仲間と体験を語り合うにあたっては、語るときには、自分に合った自己開示をします。聴くときには、相手の語りを否定したり批判したりしないで、やさしく思いやりといたわりの気もちをもって、中立的に傾聴します。

セッション11 　　"サクセスフル・セルフ"

【対処と解決：困難な状況への対処と解決＜心理臨床編3＞】

目的
　心理臨床に携わる初心者が経験しやすい困難なクライエント―セラピスト関係に対処する力を身につけます。

内容
　自身が経験した心理臨床に携わる初心者が体験しやすい困難なクライエント―セラピスト関係について、自分自身や周囲の人の気もちを考えたり、問題解決法を活用したりして、対処していく方法を学びます。

実施日　　年　　月　　日　　学生番号＿＿＿＿＿＿＿　氏名＿＿＿＿＿＿＿＿＿＿＿＿

「自分」を見つめる

Ⅰa　この１年間の**心理臨床**において、**悩んだけどまあ対処できた**のはどのようなことでしょうか？
〔悩んだこと〕

〔対処〕

Ⅰb　どのような**自分の課題や強みへの気づき**、**受け容れ**、**調整**が、対処につながりましたか？

＊＊

差しさわりのない範囲で、グループで共有してください。　　　グループメンバー＿＿＿＿＿＿

Ⅱa　この１年間の**心理臨床**において、**悩んだけどまあ対処できた**のはどのようなことでしょうか？
〔悩んだこと〕

〔対処〕

Ⅱb　感想

実施日　　年　　月　　日　学生番号　　　　　　　　　　　氏名　　　　　　　　　　　　　　　　　

【I】　あなたの心理臨床に関する悩みについて、シナリオとしてまとめてみてください。

```

```

【II】【I】の状況を知った周囲の人は、どう感じると思いますか。あなたは、どう感じますか。

クライエント A さん：

同じ相談室の仲間：

スーパーバイザー：

（　　　　　）：

あなた自身：

****

【III】【I】の状況について、セラピストとクライエントの間に何が起こっていると思いますか。

【IV-1】【I】の状況について、あなたはどのように対処しますか？対処方法を 3 つ考えてください。
それがどの程度解決につながるか、0～100％で示してください。

対処する方法	対処解決確率
（1）	（　　　）％
（2）	（　　　）％
（3）	（　　　）％

【IV-2】 最もよいと思う対処を選び、その理由を考えてください。

最もよいと思う対処の番号 （　　　　　）

[理由]・・・

＊＊

【V】 グループで共有してください。

初心のセラピストが抱く困難について、グループで共有しましょう。

【A】　初心のセラピストが抱く困難について

【B】【A】について、クライエント、セラピストは、どう感じると思いますか。
　○クライエント：

　○セラピスト：

【C】【A】について、セラピストとクライエントの間に何が起こっていると思いますか。

【D】【A】について、セラピストはどのように対処しますか？

心理臨床に携わる人になるためのポイント

ケースフォーミュレーションのすすめ

　ケースフォーミュレーションとは、個人を理解しようとする試みで、治療の方向性に関する情報を提供するものです。

精神分析的なケースフォーミュレーション（マックウィリアムズ，成田, 2007）

【目的】その人にとって「心理療法」が有益となる可能性を高めること。

【ケースフォーミュレーションの視点】

「心理療法」の主な目標である以下の点について、行う。

- ✓ 精神病理的症状の消失や軽減
- ✓ 洞察の深化
- ✓ 主体感覚の強化
- ✓ アイデンティティ感覚の安定と確立
- ✓ 現実的なセルフエスティームの強化
- ✓ 感情を認め取り扱う能力の増進
- ✓ 自我の強さと自己凝集性（幸福な状態にある自己体験としての自己のまとまり）の強化
- ✓ 愛する能力・働く能力・他者に適切に依存する能力の発展
- ✓ 喜びと平穏の体験の増加
- ✓ 身体的健康やストレスへの抵抗力の増進

認知行動療法的なケースフォーミュレーション（Nikcevic et al. 安藤 2006）

【目的】全ての行動上の問題に対して、説明と予測ができるモデルを作成すること。特に、目標となる行動や介入目標が特定しにくかったり、クライエントのモチベーションが曖昧で治療関係が築きにくかったり複雑な場合に、重要。

【ケースフォーミュレーションの視点】

　以下の点について、行う。

- ➤ クライエントの体験している問題は何か？
- ➤ それは心理的要因が優勢か、それとも医学的要因が優勢か？それらには相互作用があるか？
- ➤ それらの問題は、なぜ形成されたのか、どのように形成されたのか？
- ➤ どのような要因が、問題を持続させているのか？
- ➤ どのような介入が建設的な変化をもたらすのか？

心理臨床に携わる人に携わる人になるためのポイント

困難に対処・解決するためのスキル

○　問題は、小分けにして一つずつ、以下のステップで対処・解決しましょう。

【1】問題に対処・解決するために、様々なアイディアを考えてみましょう。

【2】各アイディアが、どの程度問題を対処解決できるか、考えてみましょう。

【3】各案の現実的な対処解決可能性について、0〜100％で検討してみましょう。

【4】考えたアイディアの中から、最も役に立つと思うアイディアを選びましょう

　　（理由も考えましょう）。

【5】選択したアイディアを実行してみましょう。

【6】実行した結果を検討してみましょう。

　　【1】よかったら　⇒　続けてみましょう。

　　【2】うまくいかなかったら　⇒　再検討してみましょう。

　　　　別のアイディアを実行して、その結果を検討してみましょう。

先輩院生の体験を参考にしてみましょう

面接で戸惑う場面とは・・・

【若手セラピストが悩む場面】

＜面接構造に関する戸惑い＞

面接時間の突然の変更願い

面接時間の超過

治療目的が不明瞭

＜面接関係に関する戸惑い＞

面接中、Cl 自ら語ることが少ない。**Th が、沈黙に耐えられず**、Cl に質問し過ぎてしまう

Th が Cl に尋ねると、「特には」「普通」「わからない」とあいまいな返事が多く、**協同作業になっていない**

・・・ポジティブな感情は語るが、ネガティブな感情に話がうつったとき

・・・事実は詳しく語るが、気もちについて尋ねたとき

Th が先走って、Cl の気もちや思いを言語化してしまい、Cl が内省できるようになっていない。

Cl の気もちに関する語りに寄り添うことを試みるが、「大丈夫」という返事が多く、**面接が深まらない**

セッションをふり返ってみてください。

実施日　　　年　　　月　　　日　学生番号　　　　　　　　　　氏名　　　　　　　　　　　　

[設問 A]次の問について、そう思わない=0〜そう思う=4 の中から、それぞれあてはまる番号に〇印をつけてください。

問	回答				
	そう思わない	ややそう思わない	どちらともいえない	ややそう思う	そう思う
1　あなたの心理臨床に携わる初心者としての困難感について、ふり返ることができましたか。	0	1	2	3	4
2　あなたのクライエント―セラピスト関係に関する困難感について、様々な人の気もちを考えることができましたか。	0	1	2	3	4
3　あなたのクライエント―セラピスト関係に関する困難感について、対処の方法が見いだせましたか。	0	1	2	3	4
4　あなたの心理臨床の困難感について、理解が深まりましたか。	0	1	2	3	4

[設問 B]セッション【困難な状況への対処と解決：心理臨床編3】*自身の悩み事例*に取り組んでみて、あなたの心理臨床において、これから心がけてみようと思うこと、やってみようと思うことを述べてください。

125

気づいて、感じて、受け容れて、整えましょう！

"サクセスフル・セルフ"（Successful Self）のポイント

↳ 「自分らしく生きていく」ために、「自分と向き合い」「自分のよい面を伸ばし」「自分の課題を少しずつ修正」しながら、「自分を大切に」しましょう。

↳ 「ほどよい人間関係を築き続けていく」ために、「適切な自己主張」「共感」「ゆずりあい」をしましょう。

↳ 「困難なことに対処し解決する」ために、「落ち着いて」、「周囲の人達の立場に立って」みたり、「自分の気もち」をふり返ったりしてみましょう。「様々な方法を考えて最もよいと思うものから実行」してみましょう。「何が起こるか考えてから行動」しましょう。

↳ 「自分をコントロール」するために、自分のこころやからだの状態に関心を向けて、ストレスの原因に気づき、ストレスマネジメントをしましょう。

"セルフケア"のポイント

↳ 自分のからだやこころに注意を向けて、自分が感じるからだの感覚、気もちのありよう、思い、気づいたままに感じてみましょう。不快な感じがあるのなら、我慢し過ぎず、頑張り過ぎず、やさしく、思いやりの気もちを向けて、いたわりましょう。

↳ 疲れは"積もれば山"となりますので、適度に休養し心身の充電をしましょう。一日10分くらいは、自分のためのこころのゆとりの時間をもちましょう。

20　　年　　月　　日　学生番号＿＿＿＿＿＿＿　氏名＿＿＿＿＿＿＿＿＿

月／日 （曜日）	よい体験				いやな体験					今の 考え
	出来事	からだの 感覚	わいてき た感情	わいてき た思考	出来事	からだの 感覚	わいてき た感情	わいてき た思考	対処 ケア	
例 10／6 （日）	通学中、虫の音を聞き樹々をみた。	心地よさ。	穏やかさ、すがすがしさ。	過ごしやすい季節になってきたな。	不備のある書類が届いた。	心臓がキドキ。	焦りと不安。	困ったな、やれやれ。	相手に尋ねた。	人はミスをする。
／ （　）										
／ （　）										
／ （　）										
／ （　）										
／ （　）										
／ （　）										
／ （　）										

この１週間の "気づいて、感じて、受け容れて、整えましょう！" についての感想

第 15 章

セッション 12　　セルフケア

【マインドフルネス・トレーニング：難しい対人関係で平静を保つ[12]】

目的

難しい対人関係において、<u>平静を保つ</u>方法を学びます。

<平静なこころ>とは☆うまくいっていると感じるときにも、打ちひしがれているときにも、めげない
"平静なこころ"でいるこころがけは、<u>たとえ嵐の真っただ中でも、人生の試練を乗り越えようと、強い</u>
<u>意志と勇気をもって、不安や苦悩に立ち向かう力</u>につながります。
☆"今日を生きる"ということは、
○　ただ、その日一日を生きるための生活の実践です。
○　現在を、今日を、誠実に、真剣に、先を考えずに生きることが、未来への唯一の保障となります。
○　今日の日のために、今ここある自分を、実感してみましょう。

実践

✧気もちの準備をします。

○首や肩の力をぬいて、自分にあった姿勢に整えます。（よければ）そっと目を閉じて、自分にとって安心できる楽に感じるからだの箇所に手をふれます。

○ゆっくりしずかに呼吸をします。

✧"こころ"をひらいて（Open heart! Open mind!）、自分の気もちに寄り添い、自分に向き合います。

○　（ちょっと）ストレスフルな、不満を感じた対人関係の状況を思い浮かべてみます。（浮かべる相手に、自分の子どもを思い浮かべるのは、控えましょう。）

✧そういった状況下で、平静を保つことばを探してみます。

○ことばが浮かぶのを待ちます。

○ゆっくりと目を開けて、メモします。<u>自分にとってしっくりくることば、ことばかけになるようにしてみましょう。</u>

　　　◦　　すべての人が、その人自身の人生を歩んでいる。

　　　◦　　この人の苦しみの原因は、私ではない。

12　［以下の研修および資料を参考にした］

・Oxford Mindfulness Centre. (2016/8/22-26) Oxford Mindfulness Summer School 2016.

・Center for Mindful Self-Compassion (http://centerformsc.org/)<Neff, K., & Germer, C. (December 2016).

・Mindful Self-Compassion. Center for Mindful Self-Compassion. (March 12-17, 2017. Sedona Mago Retreat, Sedona, Arizona, USA).

✧さきほど思い浮かべたちょっとストレスフルな、不満を感じた対人関係の状況を思い浮かべて、練習してみます。

❑　静かにやさしく自分の呼吸に注意を向けます。

❑　自分を大切にする平静のためのことばかけを自分にしましょう。

❑　静かにやさしく自分の呼吸に注意を向けましょう。そして、吸う呼吸に注意を向けて、もう一度自分の心や身体に注意を向けていきます。呼吸の感覚に注意を向けて、自分をケアしていきます。

- 　つらさやいたみや苦しみを受けいれて、あたたかくつつみこむような心からの思いやりをかけて、自分を大切にする「ことばかけ」をしましょう。
- 　気もちがらくになるまで、「あるがままにいていいよ」と寛容に、つらさやいたみや苦しみを和らげるように、いたわりのことばを繰り返しかけましょう。

❑　次に、吐く呼吸に注意を向けて、もう一度相手の語りに注意を向けていきます。自分にしたように、思いやりのあるあたたかいことばかけを相手に送りましょう。

❑　それから、吸う呼吸のときには自分へ、吐く呼吸の時にはあなたへと、自分のリズムで呼吸をとおして、あたたかくつつみこむような心からの思いやりを送ります。

✧　一緒に取り組んだ仲間と、体験した感想や印象を共有します。（グループで 10 分程度、全体で 5 分程度）
（大切な約束）＊仲間と体験を語り合うにあたっては、語るときには、自分に合った自己開示をします。聴くときには、相手の語りを否定したり批判したりしないで、やさしく思いやりといたわりの気もちをもって、中立的に傾聴します。

セッション 12　　　 "サクセスフル・セルフ"

【自己理解：ストレスと自己コントロール】

目的
　ゆとりがもちにくい社会や複雑な人間関係の中にあって、心の健康が維持できない人が増えています。心の安定を保ち自分らしく生きていくために、ストレスのメカニズムを理解し、ストレスをコントロールする方法を学びます。
　ストレスの原因、ストレスが起こったときの心や身体の反応をふり返り、ストレス対処法を考えることにより、自己コントロールの方法を学びます。

内容
　自分のストレスの原因や心や身体の反応についてふり返ります。
　ストレスマネジメントについて考えます。

ストレスと自己コントロール

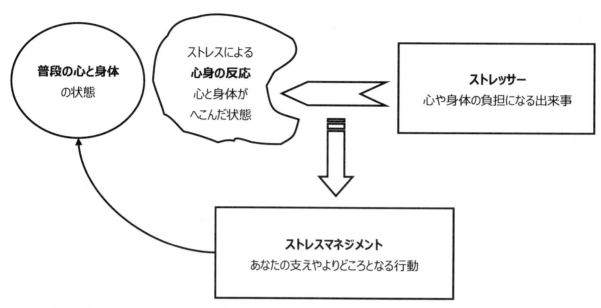

◇ **ストレッサー**は、人だったり、場所だったり、ものだったり、出来事だったり、様々です。これらは、あなたを怒らせたり、悲しませたりして、あなたの心や身体の負担になります。

◇ ストレッサーによる心や身体の負担は、**心身の反応**としてあらわれます。これは、自己コントロールが弱くなっているときのサインです。

◇ **ストレスマネジメント**とは、自己コントロールが弱くなったストレス状態にあるとき、あなたの支えやよりどころになる行動です。あなたが役に立つと思うことなら、どんなことでも支えやよりどころになります。（ただし、自分や周囲の人を傷つけたり不快にしたりする行動、職場・社会の規則を破る行動は、ストレスマネジメントにはなりません。）

● **ストレスと上手につきあう**
  ➤ ストレスの原因やストレスが起こったときの心身の反応をふり返り、ストレス対処法を考えて、ストレスとうまくつきあいましょう。

● **前向きな気もちがストレスを和らげる！**

ストレス対処を困難にする 後ろ向きな気もち・行動		ストレス対処を向上する 前向きな気もち・行動		
はずかしく思う	後ろめたく思う	積極的な	いたわり	熱中
イライラする	クヨクヨする	感激	興味・関心をもつ	

● **なぜ前向きな気もちがストレスを和らげるのか？**
  ➤ 柔軟なものの見方・考え方・問題解決力を伸ばします。
  ➤ その場に応じた対処法を伸ばします。
  ➤ 他者との適切なつながりがもてます。
  ➤ 幸福感、成功体験をもたらします。
  ➤ ストレスの多い日常から、一時的に休息するのを助けます。

TOP 1　　睡眠を充分とる

TOP 2　　音楽を聴く

TOP 3　　誰かと話す

TOP 4　　笑う

TOP 5　　歌をうたう等大きな声を出す

その他…　↓

考え方のマネジメント

プラス思考	ストレスを別の角度から見てみる
口に出してポジティブ（前向き）なことを言う	明るくふるまう
開き直って、深く考えない、くよくよしない	自分を信じる
頑張りすぎないで、自分のペースで生活する	起こりえる結果を想定して行動する
時間の経過をまつ	

行動のマネジメント

体を動かす	散歩	部屋を掃除する
友人と遊ぶ	一人で過ごす	自然に入る
買い物をする・ウインドショッピング	泣く	バイトや仕事、習い事を休む、思い切ってやめる
好きなことに打ち込む	外にでる	医療機関を受診、カウンセリングを受ける
ゆっくりする時間・何もしない日を作る	旅	おしゃれをする
テレビ・ビデオを見る	深呼吸をする	嫌なことを無理にやらない
本・雑誌・まんがを読む	ゲームをする	ラジオを聴く
入浴	絵を描く・落書き	料理をする
動物と遊ぶ	温泉に行く	インテリアを新しくする
映画鑑賞	職場以外の居場所をもつ	アロマ、マッサージに行く
	パソコンをする	落ち着く場所を探す

自分の心や身体の声に耳を傾けよう	ストレスとうまくつきあおう	自分を大切にしよう
・ストレスは誰にでもあります。 ・ストレスの原因をふり返ってみよう。 ・心身のサインに気づいてください。 ・**行動は自分で変えることができます！** ・思い立ったら吉日。いつからでも遅くないです。 ・やってみようと思うことから、ひとつずつ実践していこう。	・**がまんし過ぎず、頑張り過ぎず、バランスよく。** ・週に2〜3回、少なくても一日10分は、自分のための心のゆとりの時間をもつことが大切です。 ・状況によって、うまくいかないこともありますが、心穏やかに、好きなことをしたり、人とコミュニケーションをとったりしながら、プラス思考でいこう。	・日々の疲れは、"積もれば山"となりますので、**適度に休養を確保し**、心身の充電をしよう。 ・それから、色々な角度から実践のためのアイディアを考えて、またチャレンジしてみよう。

ストレスは誰にでもあります。
ストレスの原因や心身のサインに気づいてください。
行動は、自分で変えることができます！
自分にあったストレスマネジメントを実行してみよう。

実施日　　　年　　月　　日　　学生番号　　　　　　　　　氏名

【1】あなたのストレスの原因を探ってみよう

ストレスの原因は、人だったり、場所だったり、ものだったり、出来事だったり、さまざまです.
これらは、あなたを怒らせたり、悲しませたりして、あなたの心や身体の負担になることがあります.

1．あなたにとって、あてはまることすべてに、○印をつけましょう。

（　　）　　何も悪いことをしていないのに、嫌味を言われる

（　　）　　悪口を言われる

（　　）　　心理臨床がうまくいかない

（　　）　　研究がうまくいかない

（　　）　　ものごとが予定通りに進まない

（　　）　　心理臨床や研究が忙し過ぎる

（　　）　　人間関係がうまくいかない

（　　）　　のんびりする時間がない

（　　）　　部屋がかたづかない

（　　）　　お金がうまくやりくりできない

2．他にあったら、ここに書いてください。

3．1と2から、もっともよくあるものを3つ選んで、◎印をつけてください。

【2】 あなたの心身の反応を知ろう

頭にきたり、心配になったりしたときの反応は、人によってちがいます． 心身の反応とは、ストレスが
起こったときの心や身体の反応で、自己コントロールが弱まっているときのサインです．

1．あなたにとって、あてはまることすべてに、○印をつけましょう。

（　　）　　　何も手につかなくなる

（　　）　　　集中できない

（　　）　　　イライラする

（　　）　　　泣く

（　　）　　　お腹が痛くなる

（　　）　　　眠れない

（　　）　　　眠くなる

（　　）　　　頭痛がする

（　　）　　　湿疹がでる

（　　）　　　食欲がなくなる

（　　）　　　食べたくなる

（　　）　　　買いたくなる

（　　）　　　憂うつな気分になる

（　　）　　　やる気がなくなる

（　　）　　　お酒が飲みたくなる

2．他にあったら、ここに書いてください。

グループ No. ＿＿＿＿＿＿＿＿
グループで共有してみてください。

【1】グループの中で○をつけた人が多かった**ストレスの原因**を挙げてください。
○

○

○

○

○

2．「他にあったら」の欄に挙げたものがあれば、ここに書いてください。

【2】グループの中で○をつけた人が多かった**心身の反応**を挙げてください。
○

○

○

○

○

2．「他にあったら」の欄に挙げたものがあれば、ここに書いてください。

実施日　　　年　　月　　日　　学生番号　　　　　　　　　氏名　　　　　　　　　　　　　　

【3】　あなたのストレスマネジメントを考えよう

> ストレスマネジメントとは、自己コントロールが弱くなったとき、あなたの支えやよりどころになる行動です．あなたが役に立つと思うことなら、どんなことでも支えやよりどころになります．（但し、自分や周囲の人を傷つけたり不快したりする行動、社会の規則を破る行動は、ストレスマネジメントにはなりません．）

１．あなたにとって、あてはまることすべてに、○印をつけましょう。

（　　）　　友人と話す

（　　）　　一人で過ごす

（　　）　　音楽を聴く

（　　）　　家族と話をする

（　　）　　散歩やサイクリングをする

（　　）　　読書をする

（　　）　　ペットと遊ぶ

（　　）　　自分ができる以上は引き受けない

（　　）　　前向きに考える

（　　）　　問題を解決する努力をする

（　　）　　歌う

（　　）　　買い物に行く

２．他にあったら、ここに書いてください。

グループ No.＿＿＿＿＿＿

ストレスマネジメント

グループ No.＿＿＿＿＿＿

#1 マイワーク

心理臨床に携わるための大学院生活上のストレスについて、ふり返ってみましょう

✧ 心理臨床に携わる人になるための大学院生活上、心理的負担に感じることを、3～5

つくらい思い浮かべてください。

✧ メモに書いてください。

✧ その時に感じるこころやからだの反応を思い浮かべてください。

✧ メモに書いてください。

#1 グループワーク(4～5名)

心理臨床に携わるための大学院生活上のストレスをまとめてみましょう

✧ 模造紙半分程度を使って、ストレス状態を表してください。

✧ [ストレッサー]　[ストレスによる心身の反応]それぞれ、以下のことをしてください。

✧ メモを見て、似たような内容をまとめてください。

✧ まとめたものに、名前をつけてください。

✧ [ストレッサー]　[ストレスによる心身の反応]の関係を図式化してください。

#2 マイワーク

心理臨床に携わるための大学院生活上のストレスマネジメントしてみましょう

➤ ＃１のストレスに対して、あなたに役立つストレスマネジメントを、５～８つくらい
思い浮かべてください。

➤ メモに書いてください。

＃２ グループワーク(4～5名)

心理臨床に携わるための大学院生活上のストレスマネジメントする方法

➤ 模造紙ののこり半分のスペースを使って、ストレスマネジメント法を表してください。

– 持ち寄ったメモを見て、似たような内容をまとめてください。

– まとめたものに、名前をつけてください。

– 全体の関係を図式化してください。

#3 全体で共有

心理臨床に携わるための大学院生活上のストレスとマネジメントを共有しましょう

➤ 各グループで図式化した、

– ［ストレッサー］　［ストレスによる心身の反応］

– ［ストレスマネジメント]を、発表してください。

実施日　　年　　月　　日　　学生番号＿＿＿＿＿＿＿＿　氏名＿＿＿＿＿＿＿＿＿＿

やってみよう！心理臨床に携わる人になるための大学院生活ストレスマネジメント

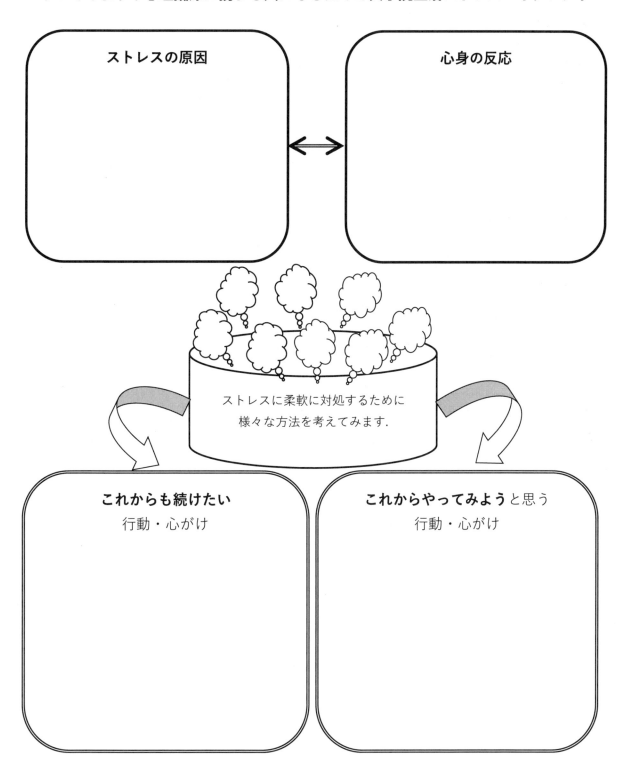

ストレスの原因

心身の反応

ストレスに柔軟に対処するために
様々な方法を考えてみます.

これからも続けたい
行動・心がけ

これからやってみようと思う
行動・心がけ

セッションをふり返ってみてください。

実施日　　年　月　日　学生番号　　　　　　　氏名　　　　　　　　　　　　

[設問 A] 次の内容について、そう思わない=0、ややそう思わない=1、どちらともいえない=2、ややそう思う=3、そう思う=4 の中から選んで、それぞれあてはまる番号に〇印をつけてください。

質問	回答				
	そう思わない	ややそう思わない	どちらともいえない	ややそう思う	そう思う
1　ストレスのメカニズムを理解することができましたか。	0	1	2	3	4
2　あなたの「ストレスの原因」を理解することができましたか。	0	1	2	3	4
3　あなたの「心身の反応」を理解することができましたか。	0	1	2	3	4
4　あなたの「ストレスマネジメント」を理解することができましたか。	0	1	2	3	4

[設問 B] セッション「ストレスと自己コントロール」に参加して、あなたの心の健康を保持・増進するために、心がけてみようと思うこと、やってみようと思うことを述べてください。

気づいて、感じて、受け容れて、整えましょう!

"サクセスフル・セルフ"（Successful Self）のポイント

↵ 「自分らしく生きていく」ために、「自分と向き合い」「自分のよい面を伸ばし」「自分の課題を少しずつ修正」しながら、「自分を大切に」しましょう。

↵ 「ほどよい人間関係を築き続けていく」ために、「適切な自己主張」「共感」「ゆずりあい」をしましょう。

↵ 「困難なことに対処し解決する」ために、「落ち着いて」、「周囲の人達の立場に立って」みたり、「自分の気もち」をふり返ったりしてみましょう。「様々な方法を考えて最もよいと思うものから実行」してみましょう。「何が起こるか考えてから行動」しましょう。

↵ 「自分をコントロール」するために、自分のこころやからだの状態に関心を向けて、ストレスの原因に気づき、ストレスマネジメントをしましょう。

"セルフケア"のポイント

↵ 自分のからだやこころに注意を向けて、自分が感じるからだの感覚、気もちのありよう、思い、気づいたままに感じてみましょう。不快な感じがあるのなら、我慢し過ぎず、頑張り過ぎず、やさしく、思いやりの気もちを向けて、いたわりましょう。

↵ 疲れは"積もれば山"となりますので、適度に休養し心身の充電をしましょう。一日10分くらいは、自分のためのこころのゆとりの時間をもちましょう。

20　　年　　月　　日　学生番号＿＿＿＿＿＿＿　氏名＿＿＿＿＿＿＿＿＿＿

月／日 （曜日）	よい体験				いやな体験					今の 考え
	出来事	からだの 感覚	わいてき た感情	わいてき た思考	出来事	からだの 感覚	わいてき た感情	わいてき た思考	対処 ケア	
例 10／6 （日）	通学中、虫の音を聞き樹々をみた。	心地よさ。	穏やかさ、すがすがしさ。	過ごしやすい季節になってきたな。	不備のある書類が届いた。	心臓がドキドキ。	焦りと不安。	困ったな、やれやれ。	相手に尋ねた。	人はミスをする。
／ （　）										
／ （　）										
／ （　）										
／ （　）										
／ （　）										
／ （　）										
／ （　）										

この1週間の "気づいて、感じて、受け容れて、整えましょう!" についての感想

141

第16章

セッション13　　セルフケア

【マインドフルネス・トレーニング：自分を大切にすることを自分と約束する[13]】

目的

　自分が心から必要としている大切なことを探索します。そして、自分を大切にすることを自分と約束します。

実践

✧気もちの準備をします。

○首や肩の力をぬいて、自分にあった姿勢に整えます。（よければ）自分にとって安心できる楽に感じるからだの箇所に手をふれます。

○ゆっくりしずかに呼吸をします。

✧"こころ"をひらいて（Open heart! Open mind!）、自分の気もちに寄り添い、自分に問いかけます。

❍　現在からこれまであなたが生きてきたなかで、あなたが心からよかったと感じたこと、満足したこと、嬉しかったこと、楽しかったこと、ホッとしたことは、どんなことだろう。

❍　それは、あなたの人生に、どのような意味をもたらしたでしょうか。どのように、あなたの人生の糧になっているでしょうか。どのように、あなたの人生の拠り所になっているでしょうか。

❍　あなたが心から必要としている大切なことはなんだろう。

　　。　　内的なもの…　思いやり　寛容さ　誠実さ　勇気　好奇心

13　［以下の研修および資料を参考にした］

・Oxford Mindfulness Centre. (2016/8/22-26) Oxford Mindfulness Summer School 2016.

・Center for Mindful Self-Compassion (http://centerformsc.org/)<Neff, K., & Germer, C. (December, 2016).

・Mindful Self-Compassion. Center for Mindful Self-Compassion. (March 12-17, 2017. Sedona Mago Retreat, Sedona, Arizona, USA).

・Center for Mindfulness in Medicine, Health, Care, and Society, UMass Medical School. Summer 2017 ONLINE Live Mindfulness-Based Stress Reduction (MBSR) program

・Oxford Mindfulness Centre・日本マインドフルネス学会　協働によるMBCTワークショップ（モジュール1〜4）. 2017〜2018

- ○ 外的なもの… 家族　サービス　自然
- ○ 内的なもの　と　外的なもの　のバランスはどうだろう

❏ これまでのふり返りから、これから生きていくのに、あなたにとっていつでも拠り所となる大切なこと(価値)を、1～3つ程度とりあげましょう。

❏ とりあげたことについて、「これからいつでも拠り所として大切にしていく」約束を自分としましょう。

❏ 静かにやさしく目をあけましょう。
- ○ 約束を書き留めましょう。
- ○ 毎日、意識できるようにしましょう。

セッション 13　　　"サクセスフル・セルフ"

【対処と解決：意思決定－何が起こるか考えてから行動する－】

目的
　多くの場合、人は結果をよく考えないで決定を下します（時には、よく考えてから物事を決定することもありますが）。そこで、よく考えてから物事を決定し、行動しやすいように、難しい状況における意思決定の方法を学習します。

内容
　バランスシートを活用して、葛藤に悩んだり、ジレンマ（板挟み、八方ふさがり）を抱いたりした状況に対して、意思決定の方法を学習します。

グループ No._____

Aさんの葛藤やジレンマを、バランスシートで解決してみます

グループで考えるオリジナルシナリオ

Aさんが抱えている葛藤やジレンマ（板挟み、八方ふさがり）について、状況を述べてください。

[   ]

＊ **Aさんの気もち・行動を考えてみましょう。**
　　Aさんは、このことで悩んでいる時どのような気もちでしたか？

(　　　　　　　　　　　　　　　　　　　　　　　　　　　　　　)

　　Aさんは、どのような行動をとろうと考えていますか？

(　　　　　　　　　　　　　　　　　　　　　　　　　　　　　　)

＊ Aさんの考えた行動を行った時、どんな結果が起こるか「バランスシート」で評価してみましょう。
① Aさんの考えた決定事項に関係している人を思い浮かべ、「関係する人」欄に書いてください。
② それぞれの人について、Aさんの考えた行動を行ったときのプラス面とマイナス面の両方を書いてください。
③ それぞれの側面をAさんがどの程度重視するか考え、0（全く重視しない）〜4（とても重視する）で点数をつけてください。

0…全く重視しない	1…あまり重視しない	2…やや重視する
3…重視する	4…とても重視する	

関係する人	プラス面	重視度	マイナス面	重視度
Aさん				
合計				

④　Ａさんの考えた行動に対するバランスを評価してみてください。

＊Ａさんのプラス面の得点

A. プラス面の内容の数を数えます。プラス面の内容数の合計は、（　　　）です。

B. プラス面の得点の数を数えます。プラス面の得点の合計は、（　　　）です。

C. ＡとＢを合計します。Ａ（　　　）＋Ｂ（　　　）＝（　　　）

D. 　Ａさんのプラス面の総得点は、（　　　）です。

＊Ａさんのマイナス面の得点

A. マイナス面の内容の数を数えます。マイナス面の内容数の合計は、（　　　）です。

B. マイナス面の得点の数を数えます。マイナス面の得点の合計は、（　　　）です。

C. ＡとＢを合計します。Ａ（　　　）＋Ｂ（　　　）＝（　　　）

D. 　Ａさんのマイナス面の総得点は、（　　　）です。

✣プラス面とマイナス面の総得点を比べます。

➢　　プラス面の総得点が高いなら…その行動をとるための多くの理由があるということです。

➢　　マイナス面の総得点が高いなら、その行動をしない方がいい理由が多くあるということです。

⑤　Ａさんの考えた行動を行うかやめるかを決定してください。

　Ａさんのとるべき行動を決めるために、はい　いいえのどちらかに○印をつけよう。

Ａさんはこの行動をとるべきですか？　　　はい　　いいえ

実践してみましょう。
実行してどうだったかを考えて、
次につなげましょう。

よい結果につながるには、他にどのような行動
をとればよいのでしょうか。
別のアイディアもあげてみましょう。

実施日　　年　　月　　日　　学生番号＿＿＿＿＿＿＿＿＿＿　　氏名＿＿＿＿＿＿＿＿＿＿＿＿

あなたの葛藤やジレンマを、バランスシートで解決してみます

オリジナルシナリオ
あなた自身の葛藤・ジレンマについて、状況を述べてください。

＊　**あなたの気もち・行動を考えてみよう。**
　　あなたは、このことで悩んでいる時どのような気もちでしたか？

(　　　　　　　　　　　　　　　　　　　　　　　　　　　　　　　　　)

　　あなたは、どのような行動をとろうと考えていますか？

(　　　　　　　　　　　　　　　　　　　　　　　　　　　　　　　　　)

＊　あなたの考えた行動を行った時、どんな結果が起こるか「バランスシート」で評価してみよう。
① あなたの考えた決定事項に関係している人を思い浮かべ、「関係する人」欄に書いてください。
② それぞれの人について、あなたの考えた行動を行ったときのプラス面とマイナス面の両方を書いてください。
③ それぞれの側面をあなたがどの程度重視するか考え、0（全く重視しない）〜4（とても重視する）で点数をつけてください。

0…全く重視しない	1…あまり重視しない	2…やや重視する
3…重視する	4…とても重視する	

関係する人	プラス面	重視度	マイナス面	重視度
あなた自身				
合計				

④ あなたの考えた行動に対するバランスを評価してみてください。

＊あなたのプラス面の得点
A. プラス面の内容の数を数えます。プラス面の内容数の合計は、（　　）です。
B. プラス面の得点の数を数えます。プラス面の得点の合計は、（　　）です。
C. AとBを合計します。A（　　）+B（　　）=（　　）
D. あなたのプラス面の総得点は、（　　）です。

＊あなたのマイナス面の得点
A. マイナス面の内容の数を数えます。マイナス面の内容数の合計は、（　　）です。
B. マイナス面の得点の数を数えます。マイナス面の得点の合計は、（　　）です。
C. AとBを合計します。A（　　）+B（　　）=（　　）
D. あなたのマイナス面の総得点は、（　　）です。

☆☆プラス面とマイナス面の総得点を比べます。
➢　プラス面の総得点が高いなら…その行動をとるための多くの理由があるということです。
➢　マイナス面の総得点が高いなら、その行動をしない方がいい理由が多くあるということです。

⑤ あなたの考えた行動を行うかやめるかを決定してください。
　あなたのとるべき行動を決めるために、はい　いいえのどちらかに○印をつけよう。

あなたはこの行動をとるべきですか？　　はい　いいえ

実践してみましょう。
実行してどうだったかを考えて、
次につなげましょう。

よい結果につながるには、他にどのような行動
をとればよいのでしょうか。
別のアイディアもあげてみましょう。

社会の中で自分らしく生きるためのポイント
意思決定力をつける

　　この時期は、葛藤やジレンマを抱えて**意思決定**を迫られることがあります。意思決定のスキルを身につけておくことで、苦悩状況に対する見通しをもつことができます。

意思決定のキーポイント
- 問題にうまく対処して解決するためのひとつの方法は、問題に対する評価です。
- 悩んでいるとき・ジレンマに陥ったときは、「バランスシート」をつけてみます。
- 行動を決定する前に、その行動のプラス面とマイナス面を検討してみます。
- ある行動によって生じるであろう結果について、自分や関係者にとって、どのようなことが起こるのか、考えてみます。
    - ✧ 行動を起こす前に、5分間、時間をとってみます。
    - ✧ 自分自身や周囲の人が、よりよく生きていくことを大切にします。
    - ✧ これまでの成功体験をいかします。
    - ✧ 「正しい」解決はない難問に、対処する力をつけます。

意思決定の方法を身につけます
　　まず、決定しようと思っていること、解決しようと思っていること（状況・問題）を、整理してみます。
【1】その状況・問題に関する、あなたの気もちを見つめてみます。
【2】その状況・問題を解決するために、あなたがとろうと思っている行動をあげてみます。

【3】あなたが考えた行動を行った時、どのような結果が起こるのか「バランスシート」を作成してみます。
① あなたが考えた行動を行うにあたって、関係している人を思い浮かべてみます。
② あなた自身・各関係者について、あなたが考えた行動を行った時のプラス面・マイナス面をできる限り考えてみます。
③ それぞれの側面について、あなたがどの程度重視するのか、得点化してみます。
④ プラス面とマイナス面、どちらの得点が高いのか、比べてみます。
　　　　　　　　⇓
プラス面の得点が高いのなら、その行動を実行するのがよいでしょう。

マイナス面の得点が高いのなら、その行動を行うのは控えた方がよいでしょう。
別のアイディアを考え、「バランスシート」をつけてみます。

セッションをふり返ってみてください。

実施日 _____ 年 ____ 月 ____ 日　学生番号 _____　氏名 _____

[設問 A]　次の内容について、そう思わない=0、ややそう思わない=1、どちらともいえない=2、ややそう思う=3、そう思う=4 の中から選んで、それぞれあてはまる番号に○印をつけてください。

質問	回答				
	そう思わない	ややそう思わない	どちらともいえない	ややそう思う	そう思う
1　意思決定の方法を理解できましたか。	0	1	2	3	4
2　グループで考えた葛藤・ジレンマ状況について、バランスシートを使って、見通しをもつことができましたか。	0	1	2	3	4
3　あなた自身の現在または近い将来決定することに関する葛藤・ジレンマを、見つめることができましたか。	0	1	2	3	4
4　あなた自身の葛藤・ジレンマ状況について、バランスシートを使って、見通しをもつことができましたか。	0	1	2	3	4

[設問 B]　セッション【意思決定】に参加してみて、あなた自身の葛藤やジレンマについて、これから<u>心がけてみようと思うこと、やってみようと思うこと</u>を述べてください。

150

気づいて、感じて、受け容れて、整えましょう！

"サクセスフル・セルフ"（Successful Self）のポイント

- 「自分らしく生きていく」ために、「自分と向き合い」「自分のよい面を伸ばし」「自分の課題を少しずつ修正」しながら、「自分を大切に」しましょう。
- 「ほどよい人間関係を築き続けていく」ために、「適切な自己主張」「共感」「ゆずりあい」をしましょう。
- 「困難なことに対処し解決する」ために、「落ち着いて」、「周囲の人達の立場に立って」みたり、「自分の気もち」をふり返ったりしてみましょう。「様々な方法を考えて最もよいと思うものから実行」してみましょう。「何が起こるか考えてから行動」しましょう。
- 「自分をコントロール」するために、自分のこころやからだの状態に関心を向けて、ストレスの原因に気づき、ストレスマネジメントをしましょう。

"セルフケア"のポイント

- 自分のからだやこころに注意を向けて、自分が感じるからだの感覚、気もちのありよう、思い、気づいたままに感じてみましょう。不快な感じがあるのなら、我慢し過ぎず、頑張り過ぎず、やさしく、思いやりの気もちを向けて、いたわりましょう。
- 疲れは"積もれば山"となりますので、適度に休養し心身の充電をしましょう。一日10分くらいは、自分のためのこころのゆとりの時間をもちましょう。

20　　年　　　月　　　日　学生番号＿＿＿＿＿＿＿　氏名＿＿＿＿＿＿＿＿＿＿＿＿

月／日（曜日）	よい体験				いやな体験					今の考え
	出来事	からだの感覚	わいてきた感情	わいてきた思考	出来事	からだの感覚	わいてきた感情	わいてきた思考	対処ケア	
例 10／6 （日）	通学中、虫の音を聞き樹々をみた。	心地よさ。	穏やかさ、すがすがしさ。	過ごしやすい季節になってきたな。	不備のある書類が届いた。	心臓がドキドキ。	焦りと不安。	困ったな、やれやれ。	相手に尋ねた。	人はミスをする。
／（　）										
／（　）										
／（　）										
／（　）										
／（　）										
／（　）										
／（　）										

この1週間の "気づいて、感じて、受け容れて、整えましょう！" についての感想

第 17 章

セッション 14　　セルフケア
【マインドフルネス・トレーニング：マインドフルに生きる[14]】

目的
　これまでやってきたマインドフルネス・トレーニングを日常生活に取り入れる方法を学びます。

実践（次のページにあるワークシートを活用します）
✧気もちの準備をします。

○首や肩の力をぬいて、自分にあった姿勢に整えます。

○ゆっくりしずかに呼吸をします。

✧"こころ"をひらいて (Open heart! Open mind!)、自分の気もちに寄り添い、自分の一日の生活をふり返ります。

○　書き出してみます。

　　　・　ちからを与えてくれるもの、元気がそがれてしまうもの、印をしてみます。

　　　・　それぞれの行動に対する気もち？　とらえ方、思考？　身体の感覚について、ふり返ってみます。

○自分を大切にする「ことばかけ」をしましょう。

✧　一緒に取り組んだ仲間と、体験した感想や印象を共有します。（グループで 10 分程度、全体で 5 分程度）

（大切な約束）＊仲間と体験を語り合うにあたっては、語るときには、自分に合った自己開示をします。聴くときには、相手の語りを否定したり批判したりしないで、やさしく思いやりといたわりの気もちをもって、中立的に傾聴します。

14　［以下の研修および資料を参考にした］

Williams, Mark. (2016/7/16-17)マーク・ウィリアムズ博士からマインドフルネス認知療法を学ぶ―マインドフルネスフォーラム 2016―. 日本マインドフルネス学会主催. 配布資料

実施日　　　年　　月　　日　学生番号：＿＿＿＿＿＿＿　名前：＿＿＿＿＿＿＿＿＿

＊マインドフルに生きるために＊

一日の生活をふり返ってください。

○していることを１０～２０程度、あげてみてください。

○上にあげたことのうち、
「あなたに<u>ちからを与えてくれるもの</u>は？」↑（どんな気もち？　思考？　身体感覚？）
「あなたの<u>元気がそがれてしまうもの</u>は？」↓（どんな気もち？　思考？　身体感覚？）

○グループで共有してみましょう。

セッション 14　　　"サクセスフル・セルフ"

【自己理解＋対処と解決：自己対処力と今後の展望】

目的

　これまでの心理臨床訓練を通して大学院生（訓練生）としての「自分」を見つめ、自分の努力したこと、つらかったこと、それらを乗り越えた体験をふり返ります。それらを通して、これから（も）大学院や心理臨床にかかわる機関等で、仲間や同僚との関係、クライエントとの関係を築き続けながら、自分らしく生きていく"サクセスフル・セルフ"の展望を開くことを試みます。

　これまでの心理臨床訓練における自分（頑張ったこと、つらかったこと）をふり返ります。それらを通して、困難をどのように乗り越えたかを見出します。

　それらを通して、これから（も）職場で、よりよい同僚との関係、クライエントとの関係を築き続けながら、自分らしく生きていく"サクセスフル・セルフ"の展望を開くために、これからも心がけたいこと、これから努力したい目標を立てます。

内容

　心理臨床訓練での自分をふり返ります。

　頑張ったこと・つらかったことをふり返り、それらをどのように乗り越えたのかを見出します。

　乗り越えた体験を、これからの心理臨床にどのように生かすかを考えます。

実施日　　　年　　月　　日　学生番号＿＿＿＿＿＿＿　氏名＿＿＿＿＿＿＿＿＿＿＿＿＿＿

これまでの心理臨床トレーニングをふり返ってください。

頑張ったこと

つらかったこと

つらかったことと、どう向き合ったり、受け入れたり、調整したりしたか

グループ No. _____
グループで共有してみてください。

これまでの心理臨床トレーニングをふり返ってください。

頑張ったこと

つらかったこと

つらかったことと、どう向き合ったり、受け入れたり、調整したりしたか

"サクセスフル・セルフ" の展望を開こう！

これからの心理臨床で、仲間や同僚との良い関係、クライエントとの適切な関係を築き続けながら、自分らしく生きていくために

これからも心がけたいこと

これから努力したいこと

グループ No. _____
グループで共有してみてください。

"サクセスフル・セルフ" の展望を開こう！

これからの心理臨床で、仲間や同僚との良い関係、クライエントとの適切な関係を築き続けながら、自分らしく生きていくために

これからも心がけたいこと

これから努力したいこと

社会の中で自分らしく生きるために

社会人としての常識を備え、ほどよい人間関係を保ちチームを組んでうまく対処する

○　対処・解決するための３つのスキルをつかって、人間関係力を高めます。
- ➢　適切な自己主張：相手の理解・納得を得るために、キレないで、落ち着いて自分の言いたいことを充分に述べ、かつその方法が適切であること。
- ➢　共感：相手の意見や気もちを理解し、それを大切にすること。
- ➢　ゆずりあい：意見の違う両者が、少しずつお互いの意見を受け入れること。

○　対処解決が困難な状況に対処する力を身に付けます。
- ➢　困難な「状況」を、ゆっくりふり返ってみます。[困難な状況から適度な心理的距離をとる]
- ➢　「状況」における自分や関係している人たちの気もち、考え、行動を考えてみます。[人(立場)によって、感情・認知・行動が異なる]
- ➢　自分の 10 年後をイメージしてみます。10 年後に「よい結果」を得るために、今どうしたらよいかを考えてみます。[長期的な見通しをもつ]
- ➢　信頼する他者、尊敬する人、模範となる人だったらどうするのか、考えてみます。[先人に学ぶ]
- ➢　**つらかったことを乗り越えた経験**を強みに、仲間との関係、クライエントとの関係を築き続けながら、自分らしく生きていく"サクセスフル・セルフ"の**展望を開いて**いきましょう。

○　仲間や同僚との関係における不安感や孤立感を緩和するヒント
- ➢　勇気を出して、チームのちょっとした会話に入ってみましょう。
- ➢　自己開示してみましょう。
- ➢　日頃から、（困っている）同僚に、思いやりや手助けを心がけましょう。
- ➢　クライエントのことで困っている時には、事前に自身で考え、自身の考えを持った上で、必要かつ信頼できる人からアドバイスをもらいましょう。その際、タイミングを見計らうことも大切です。
- ➢　自身に合った余暇のとり方をしましょう。
- ➢　慣れない場で不安感や孤立感等心理的負担を感じることは、無理ないことです。一人で抱え込まないで、信頼できる誰かに相談しましょう。

先輩院生から学ぼう

心理臨床に携わるための訓練にあたって、つらいと感じた体験、乗り越える手立て、

そこから得た心構え

つらいと感じた体験	・[ケース]…クライエントの理解や応答・対応が思うようにできない。学んだことをいかせない。連携が思うようにとれない。 ・[自分と向き合わざるをえない時]周りと比べて自分のできていない点を直視し、落ち込む。
つらい体験を乗り越える手立て	・[信頼できる人に頼る]語ることで、気もちやとらえ方を整理する。相談する、意見をもらう。 ・[切りかえる]好きなことをして気分転換する。泣いてスッキリする。「一生続くわけじゃない」「自分のため」と前向きにとらえ自分を励ます。
今後に向けた心構え	・[気もちやとらえ方へのケア]とらえ方、ストレスをため込み過ぎない。気分転換する。 ・平静なこころでのぞむ。自分と相手をわけて冷静に考える。 ・自分の課題ばかりではなく、強みにも目を向ける。 ・[ケース]準備をしてのぞむ。丁寧に関わる。自分で自分のセッションをふり返る。 ・[信頼できる人を頼る]他者の意見を聞く。バイザーに相談する。 ・素直に聞く。 ・[自己研鑽]知識を増やし、視点を広げる。

セッションをふり返ってみてください。

実施日　　年　　月　　日　学生番号　　　　　　氏名＿＿＿＿＿＿＿＿

[設問A]次の問について、そう思わない=0〜そう思う=4の中から、それぞれあてはまる番号に〇印をつけてください。

問	回答				
	そう思わない	ややそう思わない	どちらともいえない	ややそう思う	そう思う
1　大学院での心理臨床訓練をふり返ることができましたか。	0	1	2	3	4
2　これからの心理臨床訓練で、対人関係を築き続けながら、自分らしく生きていく展望を開くための目標を立てられましたか。	0	1	2	3	4

　[設問 B] セッション【自己対処力と今後の展望】に参加して、これから(も)、心がけてみようと思うこと、やってみようと思うことを述べてください。

気づいて、感じて、受け容れて、整えましょう！

"サクセスフル・セルフ"（Successful Self）のポイント

↳ 「自分らしく生きていく」ために、「自分と向き合い」「自分のよい面を伸ばし」「自分の課題を少しずつ修正」しながら、「自分を大切に」しましょう。

↳ 「ほどよい人間関係を築き続けていく」ために、「適切な自己主張」「共感」「ゆずりあい」をしましょう。

↳ 「困難なことに対処し解決する」ために、「落ち着いて」、「周囲の人達の立場に立って」みたり、「自分の気もち」をふり返ったりしてみましょう。「様々な方法を考えて最もよいと思うものから実行」してみましょう。「何が起こるか考えてから行動」しましょう。

↳ 「自分をコントロール」するために、自分のこころやからだの状態に関心を向けて、ストレスの原因に気づき、ストレスマネジメントをしましょう。

"セルフケア"のポイント

↳ 自分のからだやこころに注意を向けて、自分が感じるからだの感覚、気もちのありよう、思い、気づいたままに感じてみましょう。不快な感じがあるのなら、我慢し過ぎず、頑張り過ぎず、やさしく、思いやりの気もちを向けて、いたわりましょう。

↳ 疲れは"積もれば山"となりますので、適度に休養し心身の充電をしましょう。一日 10 分くらいは、自分のためのこころのゆとりの時間をもちましょう。

20　　年　　月　　日　学生番号＿＿＿＿＿＿＿　氏名＿＿＿＿＿＿＿＿＿

月／日 （曜日）	よい体験				いやな体験					今の考え
	出来事	からだの感覚	わいてきた感情	わいてきた思考	出来事	からだの感覚	わいてきた感情	わいてきた思考	対処ケア	
例 10／6 （日）	通学中、虫の音を聞き樹々をみた。	心地よさ。	穏やかさ、すがすがしさ。	過ごしやすい季節になってきたな。	不備のある書類が届いた。	心臓がキドキ。	焦りと不安。	困ったな、やれやれ。	相手に尋ねた。	人はミスをする。
／ （　）										
／ （　）										
／ （　）										
／ （　）										
／ （　）										
／ （　）										
／ （　）										

この1週間の "気づいて，感じて，受け容れて，整えましょう！" についての感想

第18章　おわりに

セッションをおわるにあたって

　本書では、ふだんから自分のこころの健康を自分で大事にする力をつけることをめざして、自分のこころやからだの状態を平静に観て、あらがわず、あるがまま受け容れる、寛容なこころを養い礎にしながら、自己理解力、人間関係力、対処と解決力を磨き、社会の中で自分らしく生きる基礎力をつける機会を、"サクセスフル・セルフ" ぷらすセルフケアのワークを通して、提供してきました。全体のまとめを図に示しました。

　自分と向きあったり、仲間と語り合ったりすることを通して、自分にあった自分をいたわり思いやるセルフケアのあり方、自分の特徴とそれに沿った自分のあり方について、どのような気づきがあったでしょうか。いま一度、ふり返ってみてください。

"サクセスフル・セルフ" ぷらす セルフケア

自分をやさしく思いやりいたわり、平静なこころで自分らしく生きるために

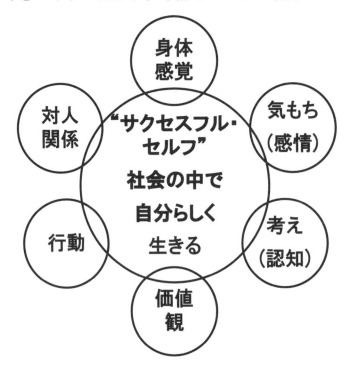

○ 「自分らしく生きていく」ために，「自分と向き合い」，「自分のよい面を伸ばし」，「自分の課題を少しずつ修正」しながら，「自分を大切に」していきましょう。

○ 「ほどよい対人関係を築き続けていく」ために，「適切な自己主張」「共感」「ゆずりあい」をしましょう。

○ 「困ったことに対処し解決する」ために，まず「落ち着いて」，「自分の気もち」を振り返ったり，「周囲の人の立場に立って」みましょう。

○ 「様々な方法を考えて最もよいと思うものから」取り組んでみましょう。

○ 「何が起こるか考え，見通しをもって」取り組んでみましょう。

○ 「自分をコントロール」するために，「自分の心や身体の状態に関心」を向けて，「ストレスに気づき」，ストレスコントロールをしましょう。

○ 「セルフケア」するために，自分の「こころやからだに関心を向けて」，「いまこのときにある体験に「気づき」，「感じて受容して」，必要に応じて「調整して整える」ことをしましょう。「やさしく思いやりいたわりの気もち」を向けて，「平静なこころ」でいましょう。

『"サクセスフル・セルフ" ぷらすセルフケア』ふり返りシート

実施日　　　年　　　月　　　日　　学生番号　　　　　　　　　　氏名　　　　　　　　　　　　　

心理臨床に携わる人になるための基礎づくりこころの健康を育む心理教育 「"サクセスフル・セルフ" ぷらすセルフケア」 では、以下のねらいを含めたセッションを行いました。

①**自己理解力**の向上をねらいとして、自己洞察法（自己省察や内省）によって、自己理解、自己コントロール、ストレス対処等

②**人間関係力**の向上をねらいとして、ソーシャルスキル法によって、他者理解、対話、適切な自己主張等

③**対処と解決力**の向上をねらいとして、問題解決法によって、他者に対する適切な自己主張・共感・ゆずりあい、困難な状況への対処と解決等

④**セルフケア**の向上をねらいとして、マインドフルネスやセルフ・コンパッションによって、自分に気づき・受け容れ、調整すること、自分への忍耐性と寛容性、平静なこころ等

○各セッションにおいては、個別にじっくり考える時間を設けるとともに、小グループでの話し合いや全体での共有の時間を設けることを大切にしてきました。

[質問 1]　心理教育『"サクセスフル・セルフ"ぷらすセルフケア』は、どの程度、どのように役立ちましたか。

役立った　　やや役立った　　どちらともいえない　　やや役立たなかった　　役立たなかった

[質問2]　心理教育『"サクセスフル・セルフ"ぷらすセルフケア』に参加して、思ったこと、感じたことを書いてください。

【引用・参考文献】

安藤美華代. (2007a). 中学生における問題行動の要因と心理教育的介入. 風間書房, 東京

安藤美華代・竹内俊明・山本玉雄・福島一成・大原健士郎. (1995). 内観併用絶食療法における心理学的側面の研究. 心身医学, 35, 593-600.

Arnett, J. J. (2000). Emerging adulthood: A theory of development from the late teens through the twenties. American Psychologist, 55, 469-480.

Arnett, J. J. (2004). Adolescence and Emerging Adulthood: The winding road from the late teens through the twenties. New York: Oxford University Press.

Arnett, J. J., & Tanner, J. L. (Eds.). (2006). Arnett, Jeffrey Jensen; Tanner, Jennifer Lynn Emerging adults in America: Coming of age in the 21st century. Washington, DC: American Psychological Association.

Coleman J, Hendry L. (1999) : The nature of adolescence, 3rd ed. Rutledge. 白井利明他 (訳) (2003) : 青年期の本質 ミネルヴァ書房.

Lawrence, R. (2001). Problem solving in public health. Johns Hopkins University.

マックウィリアムズ ナンシー (著)、成田善弘(監訳). ケースの見方・考え方、精神分析的ケースフォーミュレーション. 創元社、東京.

成田義弘 (2007) 新訂増補 精神療法の第一歩 金剛出版

Nikcevic, A. V., Kuczmierczyk, A. R., Bruch, M. (Eds.). Formulation and Treatment in Clinical Health Psychology. Routledge Taylor & Francis Group、 2006.〔安藤美華代 監訳. (2010). 臨床健康心理学：ケースフォーミュレーションと心理療法. 岡山大学出版会.〕

沢崎達夫. (1993) 自己受容に関する研究-1-新しい自己受容測定尺度の青年期における信頼性と妥当性の検討カウンセリング研究 26(1), 29-37

沢崎達夫. (1994) 自己受容に関する研究-2-男女大学生における自己受容の様相を中心として. カウンセリング研究 27(1), 46-52

菅 佐和子・十一元三・櫻庭 繁. (2008). 健康心理学 第2版, 丸善出版.

Simons-Morton, B., Haynie, D., Saylor, K., Crump, A. D., & Chen, R. (2005a). Impact Analysis and Mediation of Outcomes: The Going Places Program. Health Education & Behavior, 32, 227-241.

Simons-Morton, B., Haynie, D., Saylor, K., Crump, A. D., & Chen, R. (2005b). The effects of the Going Places program on early adolescent substance use and antisocial behavior. Prevention Science, 6, 187-197.

Tanner, J. L. (2006). Recentering during emerging adulthood: A critical turning point in life span human development. Arnett, J. J., & Tanner, J. L. (Eds.) (2006). Emerging adults in America: Coming of age in the 21st century. (pp. 21-55). Washington, DC, US, American Psychological Association.

吉本伊信(1971). 悩みの解決法. 内観教育研究所.

あとがき

　本書は，心理職をめざす訓練生自身の成長・発達および資質・技能の維持向上に関連する諸課題について心理社会的観点から理解し、それらの課題に気づき向き合い対処する方法を実践的に学ぶことを目的に、要点付きワークブックとして出版されました。

　このプログラムは，2015年度から，実践を重ね，プログラムに参加した学生さんからのご意見を参考に，よりよいものになるように改訂を重ねてきました。それ以来，多くの大学院生の皆さんのご協力とご理解によりまして，本書にまとめることができました。

　大学生および大学院生として心理専門職をめざす訓練期は、青年期から成人期へ移行する心理社会的発達段階の時期とあいまっており、将来の方向性を探求しながら職業的アイデンティティを形成し、自分自身に対する責任を引き受け、社会に適応していくことが、重要な課題となります。また将来心理職に従事した際、心理的健康を維持し、バーンアウトを予防し、専門職のひとりの人として、適度に機能していくことが望まれます。

　本ワークブックを行うことで、これらの課題解決の手立てとなる自己省察、困難な状況への対処と解決、ソーシャルスキルといった方法を実践的に学ぶ機会になることを願っています。

　大学生および大学院生として心理職をめざす訓練期について、ライフサイクルにおける心理社会的発達および心理専門職キャリア形成の両視点から、理解することそしてそれらの視点をふまえて、心理社会的課題を理解し、リスクを予防して健康的で適応的な資質を保持・向上するための方法やスキルを習得することにささやかながら役に立てましたらと思います。

　なお，本書に関する研究におきまして，科研費（15K04126）の助成を受けました。関係者の皆様に厚くお礼申し上げます。

　最後になりましたが，本プログラムにご理解ならびに協力いただきました，学生の皆様，関係者の皆様に，深く感謝申し上げます。また本書の刊行あたりましては，岡山大学出版会運営委員会および編集委員会の先生方、岡山大学出版会の猪原千枝氏に大変お世話になりました。その尽力に対して厚くお礼申し上げます。

岡山大学版教科書

セルフケア力を身につけ　こころの健康を育む心理教育
"サクセスフル・セルフ" の実践と展開

2020 年 3 月 1 日　初版第 1 刷発行

著　者　　　　安藤 美華代
発行者　　　　槇野 博史
発行所　　　　岡山大学出版会
　　　　　　　〒700-8530　岡山県岡山市北区津島中 3-1-1
　　　　　　　TEL 086-251-7306　FAX 086-251-7314
　　　　　　　http://www.lib.okayama-u.ac.jp/up/
印刷・製本　　友野印刷株式会社